禮記正義

附
尚書正義
毛詩正義

圖版

〔唐〕孔穎達 撰
郜同麟 等 解題

「十四五」國家重點出版物出版規劃項目
二〇二四年度國家古籍整理出版專項經費資助項目
「群經單疏古鈔本彙編及校理（附《論語義疏》）」成果
教育部人文社會科學重點研究基地重大項目
「儒家經典整理與研究」〔19JJD750001〕成果

出版說明

群經義疏初以單疏形式流傳，單疏本保留疏文較爲原始面貌，是研究經典流變、校理經籍的關鍵文獻。至宋代出現經、注、疏乃至釋文合刻，單疏本遂漸式微，傳本稀少。今存於世的宋刻單疏本僅有《周易正義》（國家圖書館藏）、《尚書正義》（日本宫内廳書陵部藏）、《毛詩正義》（日本杏雨書屋藏，存三十三卷）、《禮記正義》（日本身延山久遠寺藏，存八卷）、《春秋公羊疏》（國家圖書館藏，存七卷）、《爾雅疏》（國家圖書館和日本静嘉堂文庫各藏一部）。另有散藏中、日兩國的單疏古鈔本，或從未公開，或未在中國原貌影印，學界使用甚爲不便。

本次我社幸獲各館藏機構授權，彙編影印《周易》、三《禮》、《春秋》三傳單疏古鈔本，並附研究性解題、與存世刊本的校勘記、相關重要研究論文。各經編纂情況如下：

1.《周易正義》。影印日本廣島大學圖書館藏天文十二年（1543）鈔本，十四卷全帙，及所附《周易要事記》《周易命期秘傳略》。圖版縮放比例爲 90%。北京大學朱瑞澤先生解題。附録文章兩篇：野間文史先生《廣島大學藏舊鈔本〈周易正義〉攷》（包含與廣大本與刻本之校記），由朱瑞澤先生翻譯；北京大學顧永新先生《日系古鈔〈周易〉單疏本研究》。另外附録傅斯年圖書館藏《賁卦》敦煌殘卷。

2.《周禮疏》。影印日本京都大學附屬圖書館藏室町時代（1336—1573）鈔本，全五十卷，存三十一卷。圖版縮放比例爲 80%。山東師範大學韓悦先生解題。

3.《儀禮疏》。影印日本宫内廳書陵部藏平安末（十二世紀）鈔本，存卷十五、卷十六。圖版原大。北京大學杜以恒先生解題並校理。

4.《禮記正義》。影印日本東洋文庫藏十世紀鈔本卷五殘卷，並背面《賢聖略問答》，原裝爲卷軸。北京大學郜同麟先生解題。圖版縮放比例爲 83%。附録英藏敦煌《禮運》殘片（S. 1057）、《郊特牲》殘卷（S. 6070）及法藏敦煌《郊特牲》殘片（P. 3106B）。

此册另附二種：《尚書正義》，英藏吐魯番出土《吕刑》殘片（Or. 8212 / 630r[Toy. 044]）。《毛詩正義》：（1）《谷風》《式微》殘卷（德國柏林藏吐魯番文獻）；（2）《小戎》《蒹葭》殘卷（《京都帝國大學文學部景印唐鈔本第一集》影印件，並日本高知大學、天理大學藏本）；（3）《思齊》殘片（俄藏敦煌文獻 Дх. 09322）；（4）《民勞》殘卷（英藏敦煌文獻 S. 498）；（5）《韓奕》《江漢》殘卷（日本東京國立博物館藏本）。

5.《春秋正義》。影印日本宫内廳書陵部藏文化十二年（1815）至十三年鈔本，三十六卷全帙。圖版縮放比例爲 90%。北京大學李霖先生解題。附録文章三篇：安井小太郎先生《景鈔正宗寺本〈春秋正義〉解説並缺佚考》(王瑞先生譯,董岑仕、張良二先生校); 張良先生《跋復旦大學圖書館藏〈春秋正義〉殘帙》; 王瑞、劉曉蒙二先生《大連圖書館藏〈春秋正義〉述略》; 虞萬里先生《斯坦因黑城所獲單疏本〈春秋正義〉殘葉考釋與復原》。另外附録法藏敦煌哀公十二年—十四年鈔本殘卷(P. 3634v+3635v)。

6.《春秋公羊疏》。影印蓬左文庫藏室町末(十六世紀)鈔本,三十卷全帙。圖版縮放比例爲90%。湖南大學郜積意先生解題,山東大學石傑先生校理。附録馮曉庭先生《蓬左文庫春秋公羊疏鈔本述略》。

7.《春秋穀梁疏》。影印北京大學圖書館藏陳鱣鈔校本,全十二卷,存七卷。圖版原大。北京大學張麗娟先生解題。

以上七經單疏本皆原色影印。附録部分的敦煌、吐魯番、日本等殘卷殘片根據圖片質量單色或原色影印。底本爲卷子者,皆裁切成頁,爲避免裁切時行間信息遺失,每頁末行在下頁重複出現; 於圖版天頭標注行數。爲便於圖文對照,解題、校理和研究文章皆另册。敦煌本解題録自許建平先生《敦煌經籍敘録》(中華書局,2006年版),德藏吐魯番本《谷風》《式微》殘卷解題録自榮新江、史睿先生《吐魯番出土文獻散録》(中華書局,2021年版),英藏吐魯番本《吕刑》殘片解題由李霖先生撰寫,日藏殘卷解題録自李霖先生《宋本群經義疏的編校與刊印》(中華書局,2019年版)。叢刊解題、校理、研究論文中的古、舊、寫、鈔、抄等術語悉遵各篇作者表述習慣,不强作統一。

叢刊由主編劉玉才先生悉心統籌、指導,各位編委、解題、校理作者傾力支持,各收藏單位、論文作者慨予授權,謹致謝忱。

上海古籍出版社

二〇二四年十月

本册目録

東洋文庫藏舊鈔本

禮記正義·曲禮

五

徵〻言在者案論語云足則吾能徵之矣曰
又言在也案異義公羊說譏二名謂二字作名若魏曼多也
二名者若楚公子棄疾弒其君即位之後改名居是爲二名之
案云文武〻時賢臣有散宜生蘇忿生則公羊之說非信左氏義也
逮事父母則諱王父母　正義曰逮及也王父母謂祖父母也若及事
父母則諱祖也何以然孝子聞名心瞿（瞿祖是父之所諱則子不敢言既已經不言父母王而已言使心瞿瞿也）故諱之也不逮事父母則不諱王父

【第1紙】▲

父母則諱祖也何以然孝子聞名心瞿故諱之也不逮事父母則不諱王父 瞿祖是父之所諱則子不敢言既已絕不言父母正而已言使心瞿惕也
母者若幼少未有識父母便得言之故不諱祖父母也庾云謂父王母
之恩正應由父所以連言母者婦事舅姑由事父母且能夫為體諱故不
殊以幼無父之識母者則可以諱王父母也　注此謂庶人也適士諱祖首
正義曰云適士以上廟事祖者祭法云適士二廟祖之與禰各為一廟其中
士亦廟事祖但祖禰共廟則士喪祀一廟是也雖氏云此適士者
也中士下士共一廟庶人府史亦稱適也大夫之所有公諱　正義曰今
謂人於大夫之所正得避公家之諱不得避大夫之諱所以然者尊君諱
也　若無為大夫諱則於諱不尊也不言士之所者士卑人不為之諱故也
云云有公諱不為及大夫諱耳只無己之私諱也藥云大夫之所有公諱無

者無私大夫言諱不言不嘗也不言上之所尊卑人不知之諱以避
云有公諱下不為及大夫諱耳只無己之私諱玉藻云大夫之所有公諱無
私諱但此文上承君所無私諱之下惟云大夫之所有公諱故略之不云無私
諱耳詩書不諱臨文不諱者何胤云詩書謂教學時也臨文謂禮執
文行事時也等論語云詩書執禮是教學時詩書有誦禮則不誦惟
臨文行事若有所諱則并失事正故不諱也廟中不諱者謂有事
於高祖曾祖祝故辭說不為曾以下諱也尊無二也下於則諱上也是
有事於文則諱己上也夫人之諱雖質君之前臣不諱者夫人君之妻也質
對也夫人本家所諱也臣於夫人之家恩遠故也　婦諱不出門者明門婦宮
家之諱但於婦宮中不言耳若於宮外則不為諱也故臣對君前不諱
也婦親遠於宮中言避之耳陳鏗問雜記母之諱宮中諱妻之諱不舉於

家之諱十有婦之中不言尊者於宮外則不為諱也又臣對者前不諱
也婦親遠於宮中言避之而陳鍾問雜記母之諱宮中諱妻之諱不舉於
其側此則與母諱同何也田瓊答曰雜記方以尊卑故許言之曲礼據不出
門大言之耳母諱遠妻諱近則然宜言也但所避者狹直諱大功小切不諱
正義曰古者舅姑親則為諱也東鍾問曰亦謂為婦乎自己親乎田瓊
答曰雜記云卒哭而諱王父母兄弟世父母（叔父母）姑姊妹子與父同諱是父所諱
齊衰親也然則大功小功不諱矣熊氏大功亦云諱小功不諱若小功與父同諱
則亦諱之知者雜記云王父母兄弟世叔父母姑姊妹子與父同諱
是父之世叔父母及姑已下皆為之小功父為諱故臣從父為之諱也　入境而
問禁承此下來為教主人也境垠首也禁謂國中政教所忌也凡至境當
先訪主國何所禁也入國而問俗者國城〻中〻鳥如今國門內也俗謂常所行
者入主人之城內先問風俗常所行也　入門而問諱者門主人門也諱主

先謂主國所禁者也入國而問俗者[illegible]俗謂常所行
者入主人之城內也先問風俗常所行也　入門而問諱者門謂主人之門也諱主
人祖先君名宜先知之欲為避之也問諱而入門以門為限者主人出至大門外迎
客客入門方應交接故於門為限也必為敬主人也　外事以剛日至踐之
之　正義曰此一節明卜筮及用日之法各隨文解之外事以剛日者外
事郊外之事也剛奇日也旬有五奇五偶甲丙戊庚（壬之奇為）剛也外事剛義故用剛
日也　注順其出為陽也甲午祠兵　正義曰以出在郊外故順其剛日
也公羊莊公八年正月師次于郎以待陳人蔡人甲午祠兵傳云祠兵者何
出曰祠兵何休云礼兵不徒使故將出兵必祠於近郊此鄭所引直取甲午證用
剛日事耳其祠兵之文鄭所不用也異義公羊說以為甲午祠兵左氏說甲午治
兵鄭駁之云公羊字之誤以治為祠因為作說引周礼四時田猶治兵振旅

四日事其祖禰言受所以異其事之事謂[illegible]社稷[illegible]
兵部駮云公羊字之誤以治爲祠因爲作說引周禮四時田猶治兵振旅
之法是從左氏之說不用公羊內事以柔日　正義曰事郊內之事也乙丁
己辛癸五偶爲柔也然則郊天是國外之事應用剛而郊特牲云郊用
辛非剛也又社稷是郊內應用柔而郊特牲云祭社日用甲非柔也所以然
者別隨不敢外內之義故並言外剛內柔自謂郊社之外他祀則從內
外而用之也崔靈恩云外事指用兵之事內事指宗廟之祭者以郊用辛社用甲非
順其居外內爲剛柔故也祭社用甲所以召誥用戊者召誥是告祭非常
禮也郊之用辛唯謂夏正郊天及雩大享明堂周丘自用冬日至時迎氣
各用其初朔之日不必用辛卜筮者古先聖王所以之卜筮者下云使
民所以信時日敬鬼神決嫌疑定猶豫卜筮必用龜蓍筮[illegible]蓍
[illegible]

名用其初息之曰不必用筆卜筮者在先聖王所以立卜筮者下云使
民所以信時日敬鬼神決嫌疑定猶豫卜筮必用龜蓍者案劉向云蓍
之言耆龜之言久龜千歲而靈蓍百年而神以其長久故能辯吉凶也龜蓍能傳神
之命以告人故金縢云太王王季文王云尒之許我乃卜三龜一習吉是能
傳神命也又鄭注天府云卜筮實問於神龜筮能出其卦兆是也
案白虎通稱禮三正記曰天子龜一尺三寸諸侯尺大夫八寸士六寸龜陰故
偶也其筮案少牢大夫筮鄭云大夫蓍長五尺權與而言天子九尺諸
侯七尺士三尺也所以謂之卜筮者師說云卜覆也以覆審吉凶筮決也決
定其惑劉氏以為卜赴也赴來者之心筮問也問筮者之事赴問方言也
案繫辭云定天下之吉凶成天下之亹亹者莫善乎蓍龜文云蓍之德圓而
神非之德方以知神以知來智以藏往又說非聖人幽贊于神明而生
蓍審由直又則蓍龜知靈相似無長短所以者僖四年左傳云筮短

神非之德亦以知神以知來智以藏往又謂非者去聖人幽贊於神明而生
蓍據此諸文則蓍龜知靈相似無長短也所以僖公四年左傳云筮短
龜長不如從長者時公卜取驪姬不吉更欲筮之故史蘇欲止公之意
詭云筮短龜長耳其實無優劣也若杜預節云因筮短龜長之
言以為實有長短故杜預注傳云物生而有象象而後滋滋而後有
故龜象筮數故象長數短也象所以長者以物初生則有象去初既
近且包羅万形故為長也數短者數是終末去初既遠推尋事數始能
求象故為短也又鄭康成注占人云占人亦占筮筮短龜長主於長者是鄭
又程杜公以為龜長筮短也凡卜筮天子諸侯若大事則卜筮並用必先筮
後卜故筮人云國之大事先筮後卜鄭注云先筮後卜爲事之漸大事者則大

又筮

【第3紙】

後卜故筮人云國之大事先筮後卜鄭注云先筮後卜乃事之漸大事者則太卜云國大貞卜立君卜大封大祭祀凡旅凡喪事命龜（又龜）一曰征二曰象三曰與四曰謀五曰果六曰至七曰雨八曰瘳此等皆為大事也故鄭注占人云將卜八事先以筮筮之是也若次事則唯用卜不筮也故表記云天子無筮鄭注云謂征伐出師若巡狩天子至尊大事皆用卜是天子出行唯卜無筮是也小事則無卜唯筮故筮人掌九筮之名一曰筮更謂遷都邑也二曰筮咸猶僉也謂眾心歡不也三曰筮式謂制作法式也四曰筮目謂其要目所當五曰筮易謂有所改也六曰筮比謂與民和比七曰筮祠謂筮牲与日也八曰筮參謂御与事右也九曰筮環謂筮可致師也故鄭注占人云求卜而達筮者則九筮是也天子既尔諸侯亦然故春秋僖廿五年晉卜納襄王得黃帝戰於阪泉之兆又筮之得大有之睽襄

故春秋僖廿五年晉卜納襄王得黃帝戰於坂泉之兆又筮之得大有之睽襄
九年晉卜伐宋亦上須後筮是大事卜筮並用也但春秋亂世皆先卜後筮不
能如禮其禮既先筮後卜尚書云龜從筮逆者以尊卑言之故先龜也鄭注周禮云
筮凶則止不卜洪範有筮逆龜從者崔靈恩云凡卜筮天子皆用三代
著龜若三筮並凶則止而不卜鄭所云者是也若一吉二凶雖筮逆猶得
卜之則洪範所云者是也其大夫則大事卜小事筮大事若葬地及葬日為之大
則卜若雜記云大夫卜宅與葬日是也其小事用筮則少牢常禮筮日是也
亦大事卜小事筮故士喪禮卜葬日以喪為重須定吉凶故用卜也其尋常吉
祭葬地為輕故曰筮也葬既得卜曰吉得卜凶事之吉可知故唯筮葬地不
復用卜也　旬之外曰遠某日　正義曰案少牢大夫禮今月下旬卜筮來

後用卜也。旬之外曰遠某日。正義曰：案少牢大夫礼，今月下旬卜筮来
月上旬，是旬之外日也。主人告筮者云故用遠某日。以少牢云日用丁巳
筮旬後一日，吉乃官戒。既云旬有一日，是旬外一日，此謂大夫礼之旬之内近某
日者，案特牲士礼云不諏日，注云士賤職褻，時至事暇，可以祭，則筮其日
不如大夫先与有司於庿門外諏謀丁巳之日也。是士於旬物爲筮旬内之
日，是旬之内日也。主人告筮者云用近某日是也。然此據大夫士也，故有旬外之日
若天子諸侯其有雜祭，或用旬外，其辭亦与此同也。案少牢特牲其辭亦云
来日丁亥，不云遠某日近某日者，文不具也。喪事先遠日。正義曰：喪
事謂葬与二祥，二祥是奪孝子之義，非孝子所欲，但制不獲已，故卜先從遠日
而起，示不宜急微，申孝子心也。故宣八年左傳云：礼，卜葬先遠日，避不懷。注：懷思

事[illegible]葬[illegible]祔[illegible]又[illegible]是[illegible]孝[illegible]非孝之[illegible]務[illegible]常不稱[illegible]故卜先後遠日
而起亦不宜急徵中孝心也以宣八年左傳云禮卜葬先遠日避不懷注懷思也
也避不思親此無尊卑雖士亦應今月下旬先卜來月下旬不吉卜中旬
不吉卜上旬吉事先近日者吉謂祭祀冠娶之屬也必宰云若不吉及遠日
又筮日如初是先近日也○日為日丞有常　臣義曰命龜筮辭也釋吉曰
以日為日假爾泰龜有常假爾泰筮有常者假因也爾汝也於蓍龜也
泰大也泰大也欲褒美此龜筴以謂為大龜大筮也有常者言汝大
龜筮使制吉凶分明有常也故云假爾大龜大筮有常從筮大夫已上命龜
有三命筮有二其一有事命龜是從卜之官以授人命史是一也二曰史既得
所卜之命受述庶從卜所陳之辭名曰述命二也卜人即席西面命龜云假朱
泰龜有常三也命筮二者一為事命筮則主人以所為之事命筮史是也二則筮

【第 4 紙】

所卜之命史述辭從卜而宣之發名曰述命一也卜人即席西面命龜云假尔
泰龜有常三也命筮二者一爲事命筮則主人以所爲之事命筮史是也二則筮
史得主人之命遂述之云云爲述命是也士則命龜有一（二命筮有）知士命筮有一者士喪禮
宰命筮人曰哀子某爲其父筮宅筮人許諾不述命注云述不命士禮略是士
命筮一也知士命龜二者士喪禮涖卜命曰哀子某卜葬其父無有近悔許
諾不述命而云即席西面命龜既云不述命是士命龜二也知大夫命筮二者以上命筮（筮）不
述命則知大夫已上述命也故少牢云人曰孝孫某来日丁亥用薦歲事于皇
祖伯某又云史遂述曰假尔泰筮有常孝孫某来日丁亥云云是大夫
命筮二但筮即席所命於述命之上也知大夫命龜三者以士喪禮涖卜爲事
命龜又有即席而命面龜云不述命明大夫述命故知大夫命龜三也
大事卜小事筮
正義曰此大事者謂小事之中爲大事非周禮大貞大封及八事之等末以徒用卜命

命龜又有臣席而命龜之不述命即大夫述命知大夫命龜三也

大事卜小事筮 正義曰此大事者謂小事之中為大事非周禮大貞大封及八事之等故徒用卜而

已或云大事卜者物無大貞大封及八事等雖卜注並用物亦是卜故云大

事卜但大事卜則先筮後卜小筮有若小事筮唯有筮而無卜也卜筮不過

三 正義曰王肅云禮以三為成也上旬中旬下旬三卜筮不吉則不舉也鄭意言

不過三者謂卜不吉而凶又卜以至於三三若不吉則止若筮亦然也故魯

有四卜之譏 崔靈恩云謂不過三用之也若大事龜筮並用者先用三王

崔氏用三王龜始是用也三如是乃為三也若初始之時三王三龜皆凶則止逆多從少或筮逆少初始此者至於上也單卜單筮其

之龜筮者有逆從故至三也此唯有用一則至於三也等崔靈恩又用三用

王龜筮也 注魯四卜郊春秋譏 正義曰卜郊之事或三或四或五襄

七年夏四月三卜郊不從乃免牲僖卅一年夏及襄十一年夏四月四卜郊不

從成十年夏四月五卜郊不從三傳之說參差不同左氏之說魯郊常禮

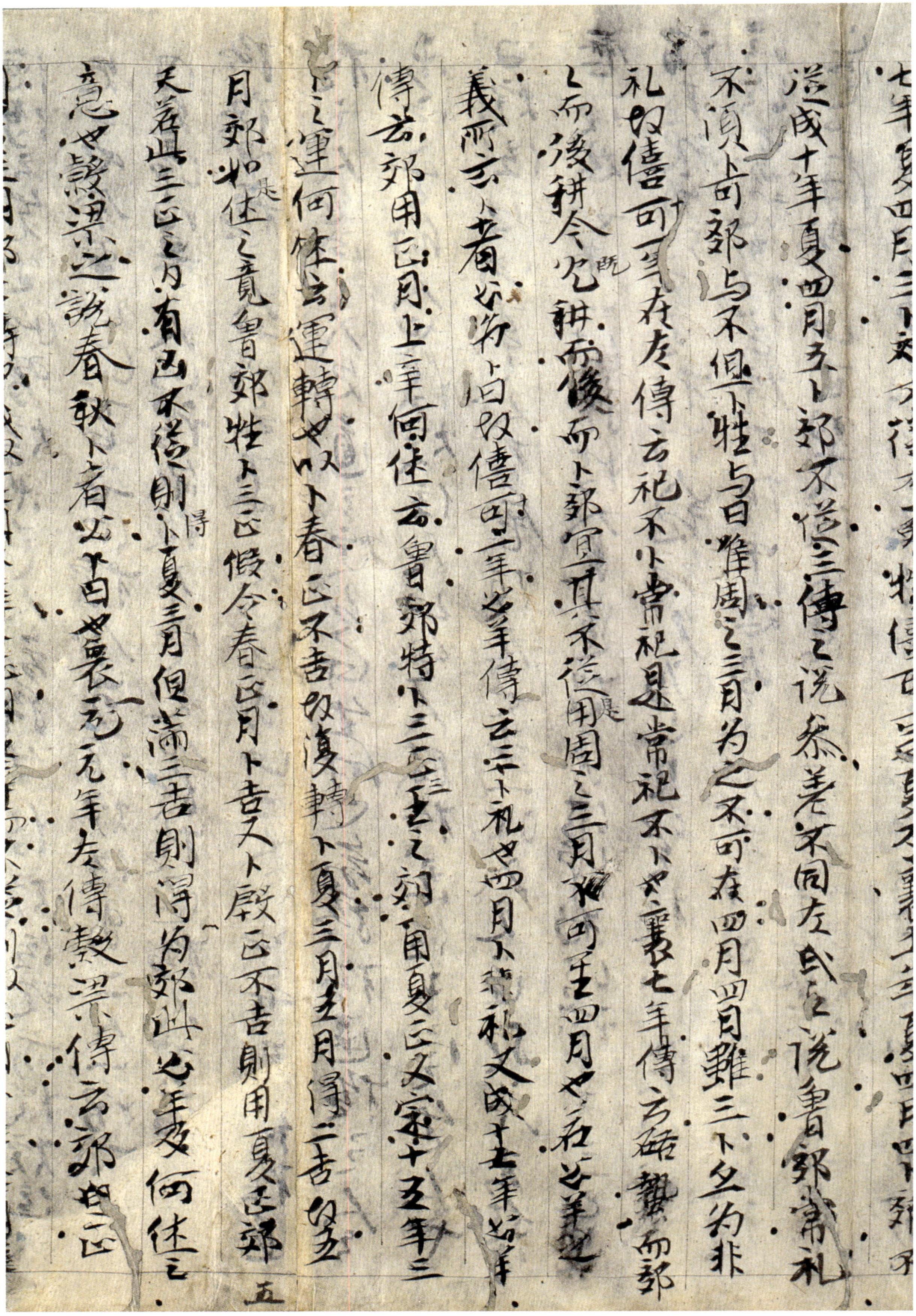

從成十年夏四月五卜郊不從三傳之說參差不同左氏之說魯郊常礼
不須卜郊与不但卜牲与日唯周之三月為之不可在四月四月雖三卜亦為非
礼故僖公三十一年左傳云祀不卜常祀是常祀不卜也襄七年傳云啓蟄而郊
郊而後耕今既耕而後卜郊宜其不從是用周之三月不可至四月也又若哀元年
義所云卜者必卜日故僖公三十一年公羊傳云三卜礼也四卜非礼文成十七年公羊
傳云郊用正月上辛何休云魯郊博卜三正三正之郊用夏正文宣十五年三
卜之運何休云運轉也以卜春正不吉故復轉卜夏三月周五月得二吉故五
月郊也何休之意魯郊牲卜三正假令春正月卜吉又卜殷正不吉則用夏正郊
天若夏三正之月有凶不從則不得卜夏三月但滿三吉則得為郊比也年夏何休之
意也穀梁之說春秋卜者必卜日也哀元年左傳穀梁傳云郊自正

【第5紙】

意也穀梁之說春秋卜者必四也哀元年左傳穀梁傳云郊卜正
月至三月郊之時也我以十二月下辛卜正月上辛而不從則以正月下辛卜二月上辛
而不從則以二月下辛卜三月上辛不從則不郊如是穀梁三正月之卜吉則為
四月五月則不可與公羊說同與何休意異休以四月五月卜滿三吉則可郊
也若鄭玄之意禮不當卜常祀與左氏同故箴膏肓云當卜禮日月耳不當卜
可禮與不郊又以魯之郊天惟用周正月建子之月牲數有災不吉改
卜後月故或用周之二月三月故有啓蟄而郊四月則不可故駁異義云引明
堂位孟春正月乘大路祀帝於郊又云魯用孟春建子之月郊則與天子
不同月明矣魯數失禮牲數有災不吉則改卜後月如鄭之言則與公
羊梁說卜三公不同也與云魯四月卜郊春秋譏之用公羊穀梁三卜正四非

羊梁㬈卜三正不同也與云魯百四月卜郊春秋譏之用公羊穀梁三卜正四卜非
正也是四卜爲譏三卜得正爲左氏言遠左氏三卜亦非故也卜筮不相襲
正義曰襲因也若卜不吉則又不得因更筮也若筮不吉則又不得因更
卜是不相因襲也若相因不已是瀆龜筮則神不吉也王云三筮乃三卜
不相襲者初若尊其心也　注卜不吉至筮之是也　正義曰謂必則不
吉故必更筮之是因襲也表記云筮不襲卜鄭云襲因也大事則卜小事
筮然与此注不同者明襲有二義故兩任各舉其一則大事有所施
不得因龜卜小事因筮大事也二則不吉不可復卜也不吉不可復筮　龜爲卜
正義曰解卜筮亦用也龜處筮後是龜靈於筮筮爲筮者筮在龜後
決也謂著爲策者策與以謀策爲義言用此物以謀於前事也筮者

正義已解卜筮所用也龜處筮後是龜靈於筴筴為筮者筮在龜前後
決之謂蓍為筴者筴與以之謀筴為義言用此物以謀於前事也筮者
先聖王之所以使民信時日者解所以須卜筮義也先聖伏羲以來聖人
為天子者不直云先王又加聖字夫王天下必聖者古來非一聖不必王孔
子是也明造制卜筮必須聖位畏者（時者）四時及月十二日也日者甲乙之屬聖
王制此卜筮使民探賾而信時日之吉凶也敬鬼神者探吉而祭是敬奉
神也畏法令也者法典則也令教訓也君行法令若依卜筮而爲之則民
敬而畏之也所以使民决嫌疑者事尖異（故）更云所以有嫌疑而卜筮决斷之也
定猶豫也者說文云猶獸名玃屬豫是獸名象屬此二獸皆進退多疑人
之疑多或者似之故謂之猶豫也故曰疑而筮之則弗非者引舊語以結卜筮
所以定是非也若有疑而筮之則无非嗟之也果二之卜者從可知也日而行事
則必踐之者曰踐善也言卜筮得吉而行事必善若占得可行之日必踐而行

所以定是非也若有疑而筮々則无非嫌也不云卜者從可知也日而行事
則必踐之者踐善也言卜筮得吉而行事必善也王云得可行之日必履而行
之踐履也弗非无非之者也　君車將駕終於篇末　正義曰此以下物明君車
顧義僕御隨敬之事各隨文解之君車將駕者　謂爲君々之譔詖
祀也君車君所乘之車也將駕謂始駕馬時也　則僕執策立於馬前者
僕既從車前也古之好人爲之故孔子曰吾執御又云子適衛冉有僕是
周禮諸侯僕必用大夫士也策馬杖也別有奉馬駕車而此僕亦知車
事故並駕也又恐馬奔走故自執馬校倚立當馬前也鄭云執策是當馬
前是恐馬行也已駕則僕展輪者已駕々竟々展視也軨舊辭
文車闌也駕竟僕從左車輪左右四面具著視之上至於闌也廬云軨車較

【第6紙】▲

文車闌也駕竟僕從左車輪左右四面具看視之上至於闌也盧云軨車轄
頭轄也皇氏謂軨是轄頭盧是也一則車行由轄二則闌之苓字不作
車邊為之鄭云展軨具視謂遍視之也效馬者　效白也僕監視駕竟
而入白君道駕畢故云曰已駕也奮衣由右上者奮振也由從也僕後右
邊外上也　僕入白駕竟先出就車於車後自振衣去塵而從右邊外上也　必從右者君位在左故避君空位　取貳綏者貳副也綏登車
繩也綏有二是正綏擬君之升一者副綏擬僕右之升故僕振衣畢取副
綏而升也詩云升所綏車義云綏所以登車有奮　跪乘者謂僕先識
車時君尚未出未敢依常而立所以跪而乘之以為敬也然此是敬識空
左不嫌也執策分轡者策馬杖也轡御馬索也車有一轅而四馬乘之中央
兩夾轅者名服馬兩邊名騑馬亦曰驂馬故詩云兩服上襄兩驂鴈

兩夾轅者名服馬兩邊名騑馬亦曰驂馬故詩云兩服上驤兩驂鴈
行言與中服相次序是也然每一馬有二轡四馬則八轡以驂馬內轡繫於軾
前其驂馬外轡并夾服兩服馬各二轡六轡在手分置兩手手各得
三轡故詩云六轡在手是也今言執策分轡謂一手執杖又云轡以三
置空手中以三置杖手故云執策分轡也驅之者分轡既竟而自試驅行之
也　五步而立者　僕時既而驅令馬行得五步而僕倚立待君出
也何胤云既以見敬則立調試也君出就車者　謂君始出上車時也
則僕并轡授綏者　君初欲上而僕并六轡及策置一手中所餘一空
手取正綏以授與君命登車也當右手并轡左手授綏轉身向後扣君
上也左右攘辟者　詩侍駕馬陪位諸臣也攘却也辟遷遠也君已上車

手也綏一授其君命登車也當右手并轡左手授綏轉身而後拜君
上也左右攘辟者　詩侍駕陪位諸臣也攘却也辟逡遁也君已上車
〻欲進行故左右者悉遷却以辟逡車得不妨車行也　車驅而騶者
左右已避以驅車而進則左右從者〻疾趍從車行　至于大門者大門君
家外門也謂車行至外門時也　君撫僕之手者撫案也僕手執
轡車行由人君欲令駐車故君抑止僕手也　而顧命車右就車者顧
迴頭也鄭箋詩迴首曰顧也車右勇力之士也就車謂君命勇士令
上車也車行則中有三人君在左僕在中央勇士在右也謂在門内未
隨勇〻士〻故從趍在車後今車行至大門方乃履險阻恐有
非常故迴顧命車右上車也　門閭溝渠必步者是車右士之礼也門閭
謂凡所從門閭過處也溝廣深四尺者渠之溝也步謂下車勇士雖

【第7紙】▲

謂凡所從門閭過處也溝廣深四尺者渠之溝也皆謂下車勇士雖
蹋上車〻若至門閭溝渠而勇士必下車也所以然者一則君子不誣十室
過門閭必式則臣當下也三則溝渠深危險恐有顛覆故勇士必須下
扶持之也　而僕不下者　車行由僕之下則車无御故不下凡僕人之礼
必授人綏　正義曰凡僕謂爲一切僕非但爲君僕時也車上既爲僕
主所以爲之執必授綏与所然之也又若僕者降等者謂士爲大夫僕
大夫爲卿也若僕者卑降則主人不須讓故僕者降等不撫僕之手者受取綏也然則否者不然謂僕者敵體
僕者雖卑而受其綏不讓猶當撫止僕手若不能自授然乃受也不
然則自下拘之者不然不降等者也既敵受而僕者必授則主人當却
手從僕手下自拘取之　注云撫小止之讓也至則不受　正義曰由從也

手從僕手下自拘取之　注云撫小正之讓也至則不受　正義曰由從也
此時主人亦敬上而僕亦車上轉身向主人以授綏〃主人不就僕手外取而以手
從僕手外下進拘取僕手畏上邊亦不由僕授也云僕与己同不爵則
不受客車不入大門　正義曰案公食大夫記云賓之乘車大門外
西方賓車不入門廣敬与此同覲礼記云偏駕不入王門謂同姓金路異
姓象路之等舍之等於賓館不得入王門又云墨車龍旗以朝墨車得入門
大國不得入大門但不唐門　婦人不立乘　正義曰立倚也質弱不倚乘也
異男子也男子倚乘婦人坐乘所以異也　犬馬不上於堂　正義曰
賓主相見礼也犬馬乃將為礼而賤不亭上人堂也犬則執緤馬則執靮
以呈之取非摯〃以也以君子式黃髮　正義曰此以下明雜敬礼也君子
謂人君也黃髮大老人也人初老則髮白太老則髮〃黃〃〃之孫宜發以人君見

謂人君也黄髮大老人也人初老則髮白大老則髮〻黄〻之称冝髮以人君見

而□□也之君尚尔則大夫士可知也若与同行君式則臣下若異行則斉

已詩云黄髮兒齒必老人也　注云發句言故知此是衆篇雜辭

正義曰謂他篇上舊礼雜辭此辭連上生下所以首故今依記者及此

他篇雜辭而未為此得義首首故　下鄉位　正義曰鄉位路門之

内門東北面位故論語鄉黨云入門又云過位色勃如注云過位謂入

門非面君之宁〻位〻故燕礼大射卿大夫門右北面也降階洗南向東鄉

是也今謂尋常出入則過鄉位而上車入則未到鄉位而下車若迎賓

客則乘而注云登車大寢之前反降于階洗之前或可下鄉是諸侯礼

乘而按天子礼入國不馳者馳車馳國中人多若馳車則害人故不馳憂

樂師擾天子禮入國不馳者馳車馳國中人多若馳車則害人故不馳憂
也否馳善好藺人也猶善好也藺雷刺也若車馳則行刺人也猶儆云
藺躪也入里必式者廿五家為里並巷首背門室不可違故入必式亦禮
之為敬也里必式則閭亦式故問閭必步也不逕十室也論語云十室之
邑必有忠信如丘者焉是不誣十室也　君命召者　謂有命呼
召臣也雖賤人今若君之使者雖假令是賤人為〻〻大夫士必自御之者
諸侯也使者雖賤亦君之命可尊故大夫士〻之貴者亦自出迎之
注衛當為讃至亂之耳　正義曰鄭云艮春秋成年二季孫行父臧孫
許會晉郤克衛孫良夫曹公子手及齊師戰于鞍公羊傳云前此
者晉郤克與臧孫許同時而聘齊蕭同姪子者齊君之母也竊客

者晉郤克与臧孫許同時而聘齊蕭同姪子者齊君之母也窺客
皃容或跛或眇於是使跛御跛者使眇者二大夫約相与率師為
鞌之戰齊師敗言彼既以御為訶此御故宜是訶而世人亂之讀云御
耳介者不拜者介甲鎧也著鎧者不為式敬故宜無所拜也為其拜而
蓌拜也者解所以不拜義也蓌挫也戎容暨〻若著甲而屈拜挫損其
戎威之容也云蓌詐也言著鎧而拜形儀不似於詐也慮矯蓌則失容
節蓌猶詐也祥車曠左　正義曰此以下文明僕御礼也祥猶吉也車
者謂生時所乘者也死葬時因為魂車鬼神尚吉故葬魂乘吉車
也曠空也車上貴左故僕者在右空左以擬神也　注空神位也祥車葬
之乘車也　正義曰知葬之乘車者以其大小二祥生人所乘車無空左

乘車也。正義曰：知葬之乘車者，以其大小二祥生人所乘車無空左之
法。言空左，唯據葬時魂車，故知也。乘君之乘車。正義曰：君乘車謂君
所乘路也。王者五路，王自乘一所，餘四路皆從行。臣若乘之，不敢空左，故與路
云凡會同軍旅於四方以路從。鄭云：王出於事，无常王乘一路，典路
以其餘路從，以華國也。又或君賜會同亦革車。鄭云：會同至雖乘
金路，猶以革路行，亦之者，謂居左也。與礼曰：乘君之車不敢曠左，
左則似祥車，近於凶時，故乘者自居左也，必式，雖處左而不敢自安，故
恒馮式也。云乘車則君公在左，若兵戎革路則君在中央，御者左居
也。成二年，朝韓厥代御者居中，杜云：自非元帥，御者皆在中，將在左，以血
也。然則元帥及君宜在中也。又詩云：左旋右抽。鄭云：左，左人，謂御者。右
車右也。中，謂將也。兵車之法，將居鼓下，御者在左，君在左，與空其位也。

車右也中謂將也兵車之法將居鼓下御者在左君在左惡空其位也
太僕云王出入則左御而前驅注云前驅如今導效而居左自馭不參
示避王也又有車右爲僕御婦人則進左手　正義曰僕在中央
婦人在左僕御之時進左手特轡所以然者形微相背也後右手者
若進右手則近相向相向則生嫌御故後右遠嫌也御國君則進右手
者後左手礼以相向爲敬故進右手非男女之所嫌也而府者既御不得恒
式故但小府俛爲敬也帝詠而御國君不乘奇車　正義曰君出入宜
九
正不可乘奇邪不正之車也惡云不如御之車也注云出入必正奇車獵衣
衣之車　正義曰隱義云獵車之形今之駒輿是也衣車如鼈而長
也漢桓帝時禁臣下乘之也　車上不廣欬　正義曰廣大也欬聲

【第9紙】▲

也漢桓帝時禁臣下乘之也　車上不廣欬　正義曰欬大也欬聲
欬也車已高若在上而大聲欬似自驕矜又驚衆也不妄指者妄
虛也在車上高若無事忽虛以手指麾四方亦爲惑衆也立視五巂
者車上依禮巂規也車輪一周爲一規乘車之輪高六尺六寸徑一國三字
八得丈八又六寸爲尺八寸總一規有丈九八寸五規爲九丈九六尺爲步物總爲
十六步半在車上所視則前十六步半地也　注巂猶規　正義曰
知巂爲規者以巂規聲相近故爲規規是圓也故讀規言或爲
巂他本禮記有作巂字或視馬尾　車其尾近在車欄前故車上
或下頭時不得遠而今瞻視馬尾顧不過轂者　車轂也若轉頭過
顧不得過轂過轂則掩後人私也故論語云車中不內顧是也國中以策

顧不得過々轂々則掩後人私也以論語云車中不内顧是也國中以策
彗鄭勿驅者前云入國不馳此為[不馳]以為遲行法也策馬杖彗掃也鄭勿
搔摩也入國不馳故不用鞭策但取竹帶葉者為杖形如掃帚故云策
彗云鄭勿者以策微[近]馬體不欲令疾但搔摩之時形狀鄭勿然搔不
出軌者車轍也車行遲故塵埃不起不得揚飛出轍外也　國君下
齊牛式宗廟　正義曰案齊右職云凡有牲事則前馬注云王見是
牲則拱而式又曲禮曰國君下宗廟式齊牛鄭注周官與此文異者
疑誤云此文誤當以周禮注為正宜云下宗廟式齊牛大夫士下公門式路
馬者　公門其君之門也路馬君之馬也敬君至門下車君物故見君
馬而式之也馬以門為輕故首下式之異　乘路馬必朝服者　謂臣路

馬而式之也馬以門爲輕故首尓式之異　乘路馬必朝服者　謂臣路
馬君之車馬也臣雖得乘之猶不可慢故必朝服而自御乘之也　載鞭
策者　又不敢執杖之馬故但載杖以行也不敢授綏者若君左則僕
人授綏今習儀者身既居左自馭而乘雖有車右而不敢授綏與已
也左必式者既不空左故亦左而敬也此言不敢授綏與前不敢曠左
文互也步路馬必道者此謂單牽君馬行時也步猶行也若行之行
君之馬必中道正路爲敬故遠之廣路馬芻有誅々　正義曰芻食馬
草也誅罰也蹙蹴爲僕馬所食草若足蹴蹋之者則被責罰也齒
路馬有誅者齒年也若論量君馬歲數亦爲不敬亦被責罰也廣
敬也礼〻下　曲礼下　正義曰案鄭目録云義與前篇同簡策爭多分爲上下

【第10紙】▲

敎也礼下　曲礼下　正義曰録云義与前篇同簡爭分爲上下
凡奉者當心至則襲　正義曰此一篇論臣所奉特及俛仰裼襲之
節依文解之物有宜奉特之者有宜提挈之者各因其宜奉之者謂
仰手謂當心奉特其物提之者謂屈臂當前而提其物帶有二處朝
服之屬其帶則高心深衣之類其帶則下脇以何知然玉藻說大帶云
參分帶下紳居二焉紳長三尺而云居帶之下參分之三則帶之下去地四
尺五寸矣人長八尺爲限若帶下四尺五寸則帶上所餘正三尺五寸以知朝
服等帶則高也而深衣云帶上無厭脇下无厭髀當深衣此明平常
提奉以蓋可知　執天子之器則上衡至提之　正義曰向明常法此以
下明臣各爲其君上提奉之礼也執特也上猶高也衡平也平謂人之拱手

下明臣各為其君上提奉之礼也執特也上猶高也衡平也平謂人之拱手
正与心平故謂心為衡天子至尊器不故宜下故臣為擎奉之高於心弥敬也
此衡謂与心平也凡言衡有二處不同鄭云此衡謂与心平明他云衡者不与
若大夫衡視則謂面為衡此為天子執器則上衡謂當心也既有二處
心平也國君　國君則平衡者謂君　諸侯也降於天子故其臣為奉持器与
心齊平也　大夫衡之者妾下也又降於諸侯故其臣為奉器下於心也士則
提之者上云大夫衡之以下於心今為士提之又　在衡之下即上提者當帶
也執之主之器執輕如不克　正義曰向明特奉高下之異此辨特奉之容
儀也主亦君也礼大夫稱主今此所言主通天子諸侯下合大夫為君者
故并曰主土則不從也克勝也尊者之器不論輕重其臣執之唯宜重慎
器雖數輕小而執之恒如實重如不勝之容也故論語曰孔子之執珪鞠

器雖敎輕小而執之恒如實重如不勝之容也故論語曰孔子云執圭鞠
竆如也如不勝也聘禮曰上介執玉如重之也　執主器操幣圭璧尚左
右手至曳踵　正義曰明提奉用手足之儀也圭璧瑞玉也尚上也謂執
特君器及幣玉也擎奉此物則右手左下手在上左尊故云上左手行不
擧足車輪曳踵者　曳拖也踵後脚也君執器行時則不得擧足但
起前後拖使踵如車輪曳地而行云車輪曳踵也立則磬折垂佩至
委　正義曰向明奉特及手足之儀此明授受時禮也立倚也佩謂玉佩
也帶佩兩邊臣則身宜僂折如磬之背故云磬折也身既僂折則
所著之佩從兩邊出縣垂於前也　主佩倚者　主謂君也倚猶
附也君宜立直則佩直附倚身而不縣垂出前也　則臣佩垂者

附也君宜立直則佩直附倚身而不縣垂於前也　則臣佩垂者
君若直立佩倚於身則宜曲々折々則佩不得倚身故縣垂於前也
主佩垂則臣佩委者君若重慎折身而佩垂則臣彌曲故磬[佩]委於地
也然臣不敢初大曲必待君僂而後方曲者亦授立不跪之義也
執玉其有藉者則裼無藉則襲　正義曰凡執玉之時必有其藻
以承於玉若盡飾見美之時必垂藻之兩端令垂向於下謂之有藉
當時所執之人則去躰上外服以見在內裼衣故云有藉者則裼其
至質素之時承玉之藻不使下垂屈而在手謂之無藉當時所
執之人則掩其上服襲蓋裼衣謂之无藉者則襲此謂執玉之人或
朝聘行礼或有裼時有襲時　注云圭璋特而襲璧琮加束帛

朝聘行礼義有裼時有襲時　注云圭璋特而襲璧琮加束帛
而裼亦是也　正義曰鄭云此者以經云裼襲據人之裼襲故明玉
亦有裼襲云圭璋特而襲者上公享王圭以馬享后璋以皮皮馬既不
上於堂其堂上唯特有圭璋既是寶物不可露見（必以物）襲之故云圭
璋特而襲也璧琮加束帛而裼者謂侯伯子男享天子璧以帛享后琮
以錦既有錦帛薦玉其玉上唯用輕細之物蒙覆以裼之故云璧琮加
束帛而裼也言亦是者非但人有裼襲其玉亦是裼襲之義此皇氏之
說熊氏以為上明賓介二人為裼襲圭璋特以下又明賓主各自為裼襲
謂朝聘特用圭璋特賓主但襲行享特用璧琮加束帛賓主但裼
亦是也凡執玉天子執冒故玉人職云執冒四寸以朝諸侯注云德能覆

亦是也凡執玉天子執冒以玉人職云執冒四寸以朝諸侯注云德能覆
冒天子四寸者方以尊接卑以小爲貴又孔安國注顧命云方四寸邪刻之
用冒諸侯之以爲瑞信子男執璧蓋亦以刻驗覆之但無以言之又執鎮圭
以朝日又祭天地宗廟知者典瑞云王執鎮圭以朝日又鄭志云祭天地宗
廟亦執之是也朝日既執鎮圭則夕月亦當然也大宗伯云王執鎮圭注
云以四鎮之山爲瑑飾其長尺二寸以玉人云鎮圭尺有二尺天子守之是也其
五寸諸侯大宗伯又云公執桓圭注云雙植謂之桓桓宮室之象所以安其
長九寸以玉人云命圭九寸公守之是也宗伯又云侯執信伯執躬圭注云
蓋皆以人形爲瑑飾文有麤縟耳欲其慎行以保身皆長七寸以玉人云命
圭七寸謂之信圭侯守之命圭七寸謂之躬圭伯守之江南儒者解云直

圭七寸謂之信圭侯守之命圭七寸謂之躬圭伯守之江南儒者解之直
者為身其文縟細曲者為身其文麁略義或然也宋伯又云子執聲
璧男執蒲璧注云聲所以養人蒲為席所以安人不執圭者未成國
也蓋瑑為聲稼又蒲草之文其侯公五寸故大行人云子執穀璧男
執蒲璧五寸是也此圭廣三寸厚寸半剡上左右各寸半知者是躬禮
記文其璧則內有孔外有玉其孔謂之好故尓雅釋器云肉倍好謂之
璧好倍肉謂之瑗肉好若一謂之環此諸侯所執圭璧公之朝于王子及自相朝
所通用也故聘禮既陳玉則云朝覲宗遇會同于王諸侯相見亦如
之是也其公侯伯朝后皆用璋知者以聘礼聘君用圭聘夫人以璋則知
於天子及后亦然也其子男既朝王以璧朝后宜用琮以璧琮相對故也鄭

【第12紙】▲

於天子及后亦然也其子男既朝王璧朝朝后宜用琮以璧琮相對故也鄭
注小行人云其上公及二王後享天子圭以馬享后璋以皮其侯伯子男
享天子璧以帛享后琮以錦其玉大小各如其命數知者玉人瑑琮
八寸諸侯以享天子是也其諸侯相朝所執之玉与朝天子同其享玉公
璧以享君琮以享君琮以享君琮以享夫人明朝
礼亦當然子男相享則降用琥以繡璜以黼故鄭注小行人云其於諸
侯亦用璧琮子男於諸侯享用琥璜公下其瑞是也其諸侯之臣聘天
子及聘諸侯其玉聘及大享各降其君瑞一寸故玉人云瑑圭璋八寸
璧琮八寸以覜聘是也　其藉玉之藻鄭注覲礼云繅以藉玉以韋衣木
廣袤各如其玉之大夫子則以五采畫之諸侯則三采子男二采其卿大

廣衣名如其玉之大夫子則以五采書之諸侯則三采子男二采其卿大
夫亦二采故典瑞云玉五采五就公侯伯三采三就子男二采再就又云瑑
圭璋璧琮二采一就是也熊氏五采五就者采別二行爲一就故五就
也三采三就者亦采別二行爲一就故三就也二采再就者亦采別二行
爲一就故再就三采一就者以卿大夫卑二采之別唯一行二行共爲一就知然
者雜記及聘禮記三采六寸則知天子諸侯采別爲二行也此是周法
其殷已上則禮說含文嘉云天子三公諸侯公以三帛以薦玉宋均注云
此殷禮三帛謂朱白倉象三正其五帝之禮薦玉用一色之帛故鄭注虞書
三帛高陽氏之後用赤繒高辛氏之後用黑繒其餘諸侯用白繒其
餘謂堯之諸侯既以采色畫韋衣於板上前後垂之又有五色組繩以

餘謂瓷之諸侯既以采色畫韋衣於板上前後垂之又有五色組繩以
為繫其組上以玄為地下以黃為地長尺無事則以繫玉有事則垂為
飾故雜禮記云玄纁繫長尺絢組注云繫無事則以繫玉因為飾用五采
組上玄下絳為地是也其裼襲之義者繅藉有二種一者以韋衣木畫之也
者一絢垂之若斂之繅藉則常有今言有無者據垂之者也其垂繅之時
則須裼屈繅之時則須襲案聘禮賓至主人廟門之外賈人東面坐
取櫝啓取櫝取圭垂繅不起而授上介注云不言裼者賤不裼也以賈
人賤故不裼明賓有垂繅當裼也又云上介不襲執玉屈繅授賓注云
介不襲盛禮不在己明屈繅合襲也又云賓襲執圭公襲授玉於時圭
公屈繅以賓與公執玉公襲是屈繅故之時皆襲則所謂無藉者襲
是也聘禮又云賓出公授宰玉裼降立是授玉之後乃裼也又云賓裼奉
束帛加璧享是有藉者裼凡朝之與聘賓與主君行禮皆屈繅而襲至行享
之時則皆裼也皆者以聘禮行聘則襲受享則裼凡享時其玉皆無繅

之時則皆裼也皆者以聘禮行聘則襲受享則裼凡享時其玉皆無繅
故崔靈恩云初享圭璋特以有繅其餘享則束帛加璧既有束帛不復
繅也諸侯朝天子皆行三享之故禮大行人云公侯伯子男並云廟中將幣
三享覲禮云四享者鄭注四當為三初享或用馬或用虎豹之皮其次三
牲魚腊龜金丹漆羅國所有分為二享皆以璧帛致之若其臣出聘唯
行一享故聘禮致夫人聘享唯一享也裼之所以異於襲者凡衣近體
有袍襗之屬其外有裘夏月則衣葛其上有裼衣上有襲襲衣之上
有常著之服皮弁之屬也掩而不開則謂之為襲若開此皮弁左袒出其裼
衣謂之為裼故鄭注聘禮云裼者左袒也玉之上若無繅之時其人則裼
有繅之時其人則襲則裼相因表記云裼襲不相因者彼謂各執其物
龜玉者則襲受享者則裼與此同也國君不名卿老至同名　正義曰
此一節明稱謂之事各依文解之國君不名卿老者人雖有國家之貴

氣王者則龍袞受享者則賜与此同也國君不名卿老至同名　云義曰
此謂想明稱謂之事各依文解之國君不名卿老者人雖有國家之貴
而猶宜有所敬不得呼其名者卿謂上卿貴故曰卿老也世婦者謂
兩媵也次於夫人而貴於諸妾也言諸侯雖貴不得呼此二亦人名也
大夫不名世臣姪娣者世臣父時老臣也姪是妻之兄弟之女娣是妻之妹
從妻而來爲貴[?]也　大夫不得呼世臣及貴妾名也然王　制云大夫不
世爵此有世臣者子冝[?]退[?]依父[?]爵者也　士不名家相長妾　長妾者家相謂
[illegible]一家事者長妾之有子者也士不得呼此二亦人名也不名長妾者熊氏云
士有妻二妾言長妾者謂娣也故鄭注昏禮娣尊姪卑義或然也
君大夫之子不敢自稱余小子至同名　云義曰此以下明孝子在喪擯者接
對賓客之辭也君大夫謂天子之大夫有地者大夫地者則亦稱曰君故云
君大夫者天子之未除喪自稱曰余小子今大夫有地雖同曰君而其子於喪
不敢同天子曰余小子之稱也　大夫不之子不敢自稱曰嗣子之某者此諸侯

不敢同天子曰余小子之稱也　大夫不之子不敢自稱曰嗣子〻是者士諸侯
之大夫亦有采地稱嗣子某以其臣之子辟之不敢与世子同名也
世子諸侯之適子也諸侯之臣若為其太子作名不得与君適子同也　自庸
云父在稱世子何繫於君　注云辟僭效也其先之生則亦不改也世武為大
正義曰若名子与君世子同則嫌其名自以擬於君以僭效也世子貴不同則与庶
子同不嫌又若其〻子生在君之世子前已為名而君來同之此是君來同己則須易
也　故穀梁昭七年傳何以君臣君同名子不奪人之名重其所由來也是臣先名
君後同之臣不改也又案雜記云与之諱同則稱字若先生与世子同名亦當然
也諸侯子不可同則天子〻故宜不也異義公羊說臣子死君父猶名之孔子之
鯉死〻是已死而稱名左氏說大夫既沒稱字而不名　桓二年宋督弒其
君與夷及其大夫孔〻父〻先君死故稱其宗〔穀〕梁同左氏說　許慎謹案同
左氏穀梁說以為論語稱鯉也死時實未死假設言死耳鄭康成亦同左氏穀梁

孝氏麋梁說以爲論語稱鯉也死時實未死假設言死可鄭康成亦同孝氏麋
梁之義以論語云鯉也死有棺而無槨是實死未葬之前也故駁許慎云
設事言死凡人於恩猶不忘况賢聖乎孟鯉也死未葬卒鯉死稱伯魚
者蓋冠礼廿以稱伯其文未必要卒也但卒直稱伯可集伯問案春秋君
在稱世子君薨稱子某既葬稱子無言副子某者也又大夫之子當何張逸
答曰此謂子某下大夫之子稱未聞案稱副子某或殷礼也君使士射至之憂
義曰射法每兩人相對以決勝負名之曰偶偶貴賤必對故卿与卿偶大
夫与大夫偶或奇餘不足則使士備偶故大射君与賓偶卿大夫自偶又有士爲
於大夫又曰司射誓偶畢者与尊者爲偶不異矦是言士得獨偶故此有使士
射也不能則辭以疾者士若不能則不得云不但能當自稱有疾也何以然
夫射以表德士既升朝必宜有德若云不能則是素飡之足辱畏辱君不知
人謀用己也　曰某有負薪之憂者此稱疾之辭也某士名也負檐也薪

人謀用己也　曰其有負薪之憂者此稱疾之辭也其士名也負擔也薪
樵白薪詩云如何匪斧不尅是大故用斧也言已擔樵餘勞不
堪射也不直云病云負薪者若直云病則以儀愕故陳病之所由明非假
若然士祿代耕旦復問疾人子云能負薪而今上負薪者亦謙辭也兼言昔
未爲士時經擔樵今由勤苦昔勞也白虎云天子疾云曰不豫言不復豫政
諸侯病曰負子子民也言負民不復子之也桓十六年衛侯朔出奔齊公羊云
有疾曰負茲諸侯之疾所名不同者蓋子茲語之聲相近其字相乱未知孰
是音義隱云天子曰不豫諸侯曰不茲大夫曰犬馬士曰負薪　注云使士射
謂以備偶憂或爲疾　正義曰知非士自射而云備偶者熊氏云若其自射不
須使又不應辭以其言使言辭故備偶　侍於君子不顧望而對非禮
正義曰謂多人侍人君子有問若指問一人則一人直對若並問多人則侍者當

正義曰謂多人侍君子有問若指問一人則一人直對若並問多人則侍者當、
先顧望坐中或有勝己、、者宜前而己不得率則尔先對非礼也
注云礼讓尚也重先對者也　正義曰此證問多人而不顧望對者論語
云子路曾晳冉有公西華四人侍坐於孔、子、合問四人各言其志而子
路率尔先對云願治千乘之國而孔子哂之云為國以礼其言不讓是哂故
君子行礼重之法　正義曰此一節論臣去本國行礼之事各隨文解之云
君子行礼者　謂去先祖之國居他國者也求猶務也俗者本國礼法所
行也雖他國猶宜重本行我國法　不務變之從新也如祀宗之臣
入於齊魯之臣入於杞宋各宜本行己本國礼法也等之不求變俗
謂大夫出他國不變己之本國之俗　案鄭志鄭答趙商以為衛

謂大夫出在他國不變己之本國之俗　案鄭志鄭荅趙商以為衛
武公居殷墟故用殷禮耳且此之君子行禮不求變俗如鄭之意不變
所往之國以舊時風俗与此不同者熊氏云若人出居他國衣不忘本故
變俗（本風俗若人君務在化民因其舊俗若往之雜新國不須改也然則不求變俗）其文雖一但人君人臣兩義不同熊氏必知人君不易舊俗者王
制云脩其教不易其俗又左傳定四年封魯公國商奄之人封康叔於
殷墟皆啓以商政封唐叔於夏墟啓以夏政是亦因其俗也案有列於
朝有詔於國三世之內衰服為舊君齊衰三月傳曰三諫不從待放未
絶者爵祿尚列於朝出入尚有詔於國如衰服所云大夫待放之時名為
有列有詔不至三世者熊氏云彼據為舊君著服故以未去國之時為
有列有詔此據去國之後但有列有詔仍行舊國之禮斷章取證故彼
此不同祭祀之禮者此陳不變之事若祭祀不變即夏立尸殷坐尸周
旅酬六尸又先求陰陽犧牲騂黑之屬也　居喪之服者殷雖尊質猶

此乃同壇之祀之祀者此陳不憂之事若壇祀不憂即是立尸殷坐尸居

旅酬六尸又先來張陽幟牲驛里之屬也　居喪之服者服雖尊貴猶

服傍早周則以尊崖尖注之從者殷不重適以斑高處上周世貴正嗣孫

居其首必從其國之故者謂故俗也凡上諸事悉不改革行之如本國故

俗也既正舉三條者餘冠昏之屬從可知也　謹脩其法而審行之者弟

結前事令分明謹脩本法審慎以行之也其法謂其先祖之制度若夏

殷子孫在周者悉行其先世之禮是不變俗　去三國世爵祿有列於朝

季宗後　正義曰此以下明在他國而得變故俗上先

明未得者也去國三世謂三誅不用或事蹙被黜去入新國已經三世者也則

鄭玄三世自祖至孫也爵祿有列於朝謂本君不絕其祖祀後爲立後

在朝者也　出入有詔於國者出入猶吉凶之事更相往來也詔告也去已

三世而本國之君猶爲立傳既爲立後不絕則若有吉凶之事當与本國之

三世而本國之君猶為卒傳既為立後不絕則若有吉凶之事當与本國之
卿大夫往來出入吉相赴告故云出入有詔於國注云若臧孫紇奔邾立臧為
矣　正義曰引之證有列者也臧孫紇臧武仲也時為季孫家臣廢長立少
故与孟氏相惡遂出奔制邾魯人以臧氏有功復立其異母弟臧為以
守先祀是有列也故魯襄公廿三年云臧紇奔邾自邾使告臧賈且致大
蔡曰紇不佞失守宗祧敢告不弔紇之罪不及不及不祀子以大蔡納請
其可賈曰是家之禍非子之過賈聞命矣再拜受龜使為以納請遂
自為也紇非能害也乃立臧為紇致防而奔齊是也　若兄弟宗族猶
存則反吉於傳　正義曰此是出已三世而爵祿無列於朝吉凶不相詔
告而不仕新國者宗族兄弟謂之本國之親宗大後宗之後也已朝本已不
列不告若宗族猶存兄弟尚在已有吉凶當反還告宗適不忘本故
也前告國者亦告兄弟耳然既未仕新國猶用本禮也音義隱云雖無

也前告國者亦告兄弟耳然既未仕新國猶用本禮也音義隱云雖無
列於朝有吉凶猶反告於宗子其都無親在故國不復來往也云國三
世至之法 正義曰此猶是無列無詔而反告宗後者今得仕新國者

3　2　1

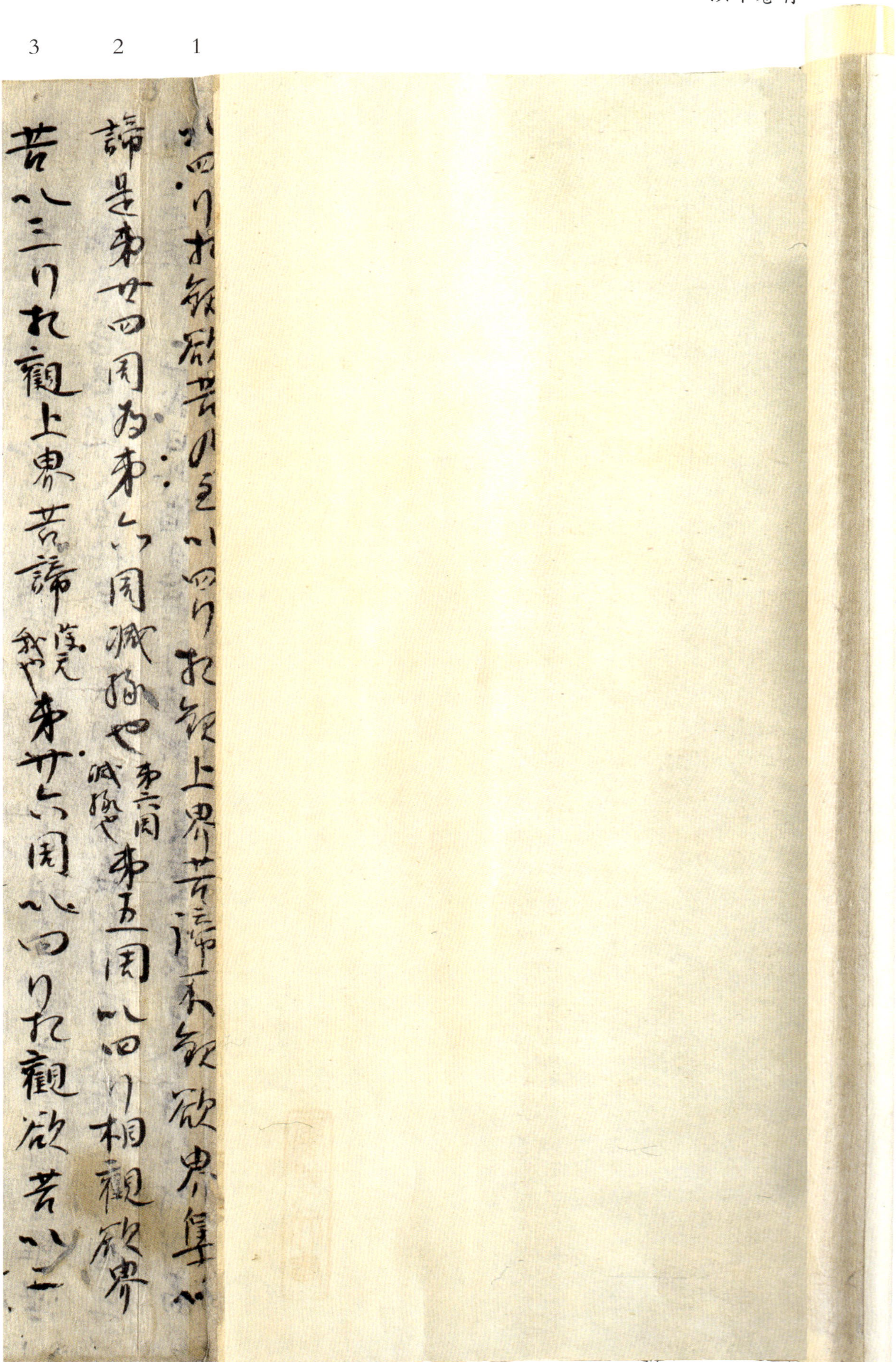

【第 15 紙】▲

以四行相縁欲苦乃至以四行相縁上界苦諦下不縁欲界集以
諦是第廿四周為第六周滅路也（第六周 滅路也）第五周以四行相観欲界
苦以三行相観上界苦諦（陰空 無我也）第廿六周以四行相観欲苦以一
行相縁上界苦（陰空 無我）第廿七周以四行相縁欲苦以一行相縁上苦
（陰苦空 無我也）第廿八周以四行相縁欲苦不縁上界苦是以廿八周為第
七周滅路也（第七周 滅路也）唯縁欲界苦諦不定也問如何不定者為二種
病人一者見行人二者愛行人見行者為二一著我見人二著我
所見人愛行者為二一我慢増人二懈怠増人此中著我見人
留無我行滅修三行著我所見人留空行相滅修三行我慢増
人留無常行相滅修三行懈怠増者留苦行相滅修二行四念

【第15紙】

人而無常則不識條三則攝念除者皆若則不識條二則心者
而無常則不各見道人之識何則物不各亂亦應以欲界若
諦下元常則不見道者於自諦下從使內前見障元我攝使空
復若同前八若則攝入見道者先障滅我欲若後先常無說
我攝入見道者先障空欲若後元我 言法之見作所義之見 問何故而欲界若
諦一則上識不各懷迫見道前道云見道物無障者若者智思此
若法智思斷欲界若諦云感被前加則從微興子物無障道故
而欲界若諦一則上識耳同七周識識之時之八識則得故不名
識行於各亂云滅識之時除之識則識識攝故不名識則又得
廿四周唯是識則七周識行之識識云　問通識則識識意得各
下文云空法識過為識則空而識道之識識云　問云德得云於八

下文云聖種遍名識位所攝盡以識攝之問若爾者云於八
諦識七諦名七周識攝於欲苦諦識三即名三周識之
言何以爾者此言以其指從欲界集諦滅至上界道諦此七諦
以識諦以名識攝慧識即名作俱法合名識攝於欲界苦
諦如略一行不識諦故唯可名識即云也何意師許此義云答
是說彼云七周識攝名此三周識即此即不爾云問此言何
答言云七周識攝名同正義三周識即道理不可說既有四
周以何名首七諦識即唯取欲界苦諦三行等云爾示說之名
三識即所以周言極以無用夫言周者迴環義也下界上界周迴
之名周念以一上觀欲界三行何可名三周云也破皆言然也之
問何者上是位說答位云従此位无間起勝善根一刹那名上

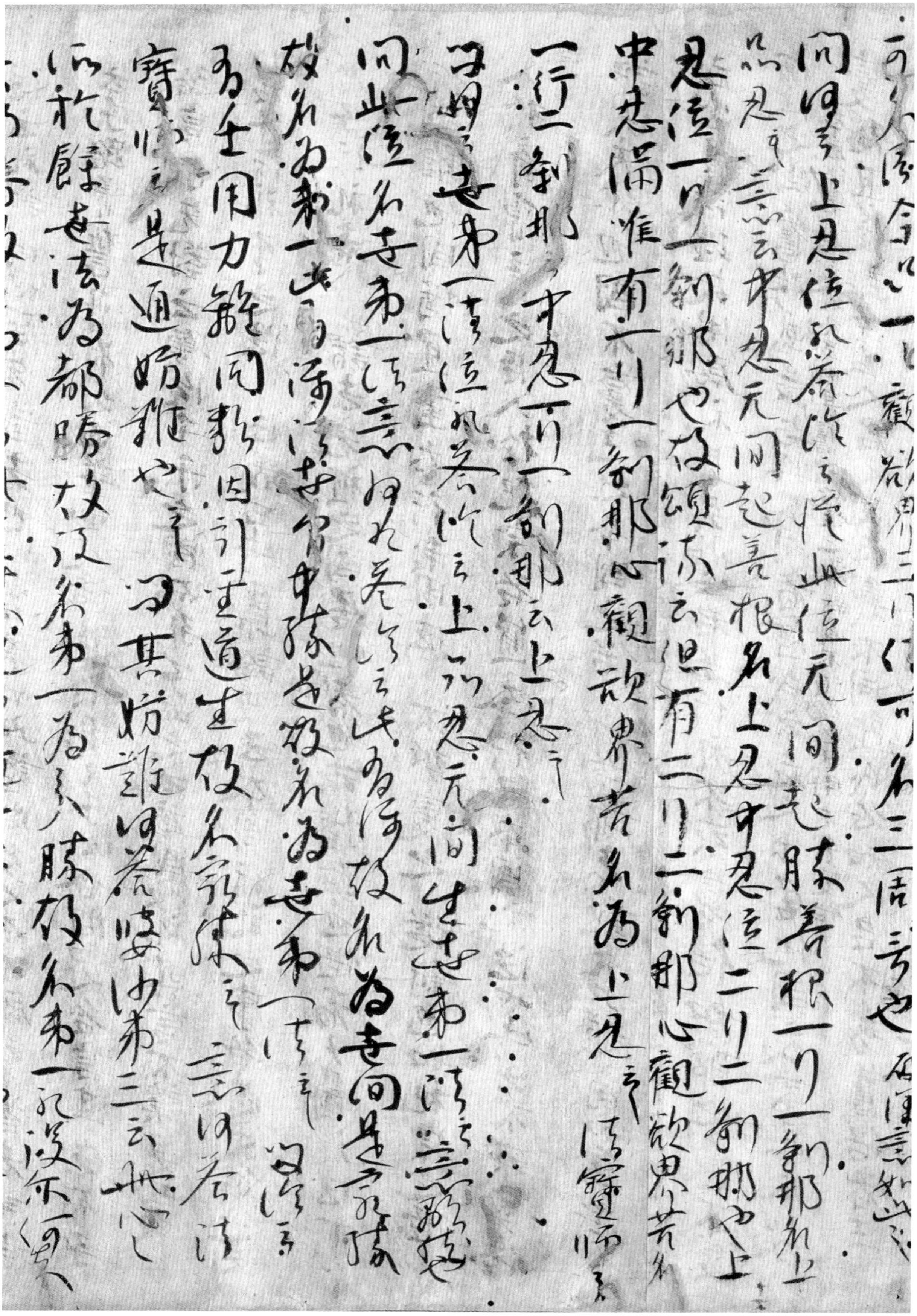

【第14紙】

所於餘世法為都勝故，況名第一。為之人勝故名第一。又況示一切
若都勝故名第一，為無豈勝。說殺過世俗智，雖悅靜慮，盡
名物二示悅善根，又名勝故名第一。上若煖頂忍世第一名
為之所勝後之，下品善根故上難也。為之作是說都勝故名第一。
況弱於見道問故非捷，一切智觀過世俗智，亦以勝如
前所說勝事，此苦無力用聖道門之，何無苦云何卷今
此善根為士用力，為此無間，攝引聖道故，引無引名第一云云
也。今論載此通難之文也。
問：四善根以何為體。若頌云諸念住，準得之，此說云如是煖
答：四善根意性，於前念為所緣，并助伴皆念住云云
言之自性，修總惠為體，修集所通之道云也。問何雅同

…若…此不…

云云同時修故次惠為修眷屬修道之位云也因何唯同

思二惠亦眷屬思二惠修故是定此四善根唯定非散故

八次惠為修修行云如是四種皆從所成非聞思所成唯

修所成也故云亦引地等唯定非散也問云眷屬修道之位言以何眷惠之眷屬

位云心々也意云定共戒為色蘊四蘊易以次文

云戒律儀得同諸聲聞者式善根定現前故亦言因道共

律儀道之位云々中問逆者十四小乘意其中得不相應

以為眷屬修云也因何故不取為眷屬修乎眷入定之善

善根可現在前故不取為眷屬也復更亂云本既煖等為修

定道也得聖道已現不生起以前善根以是同故得聖道已

為成煖等為修為修不為煖等定現前過去此煖等修

[illegible]

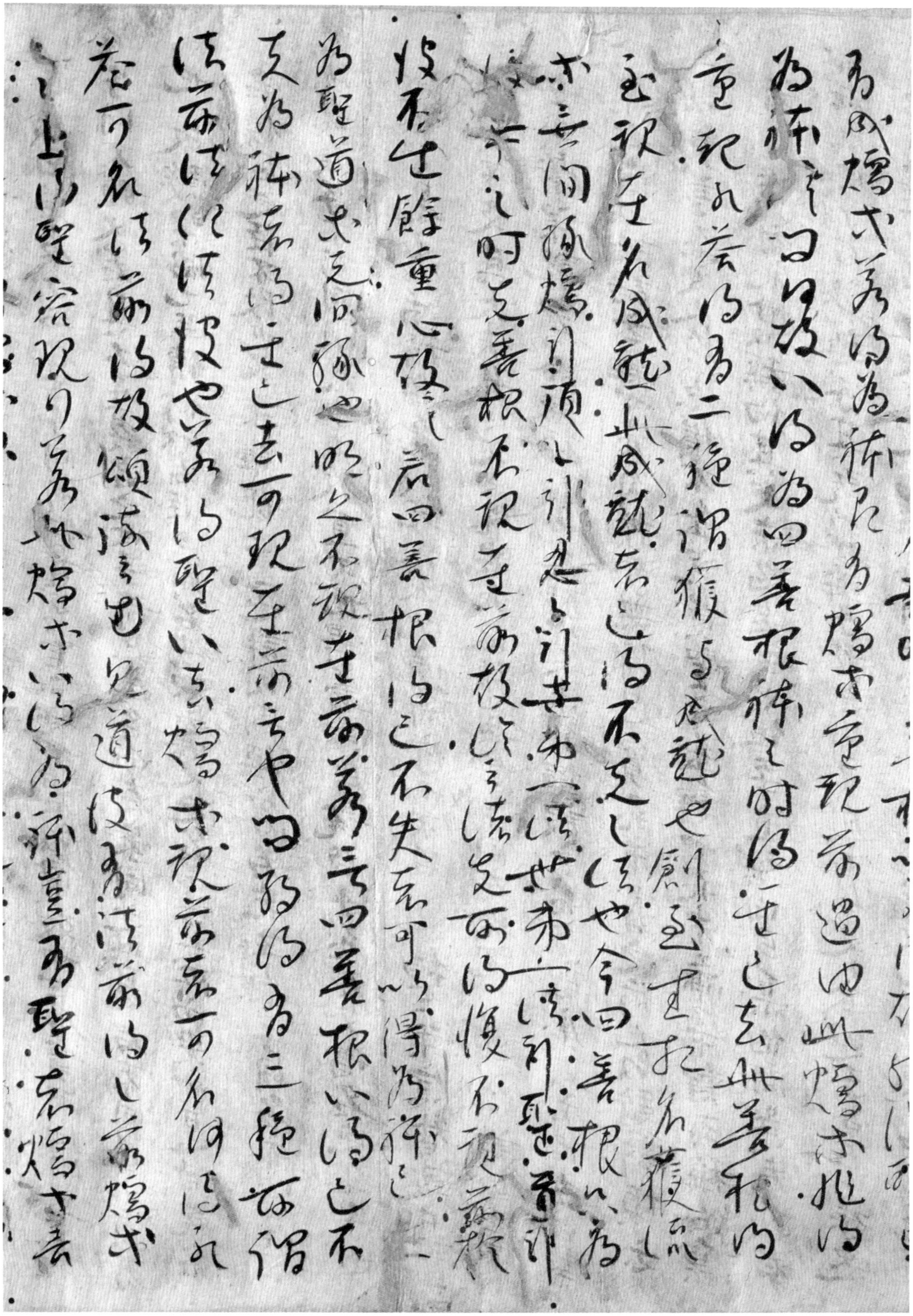

【第13紙】▲

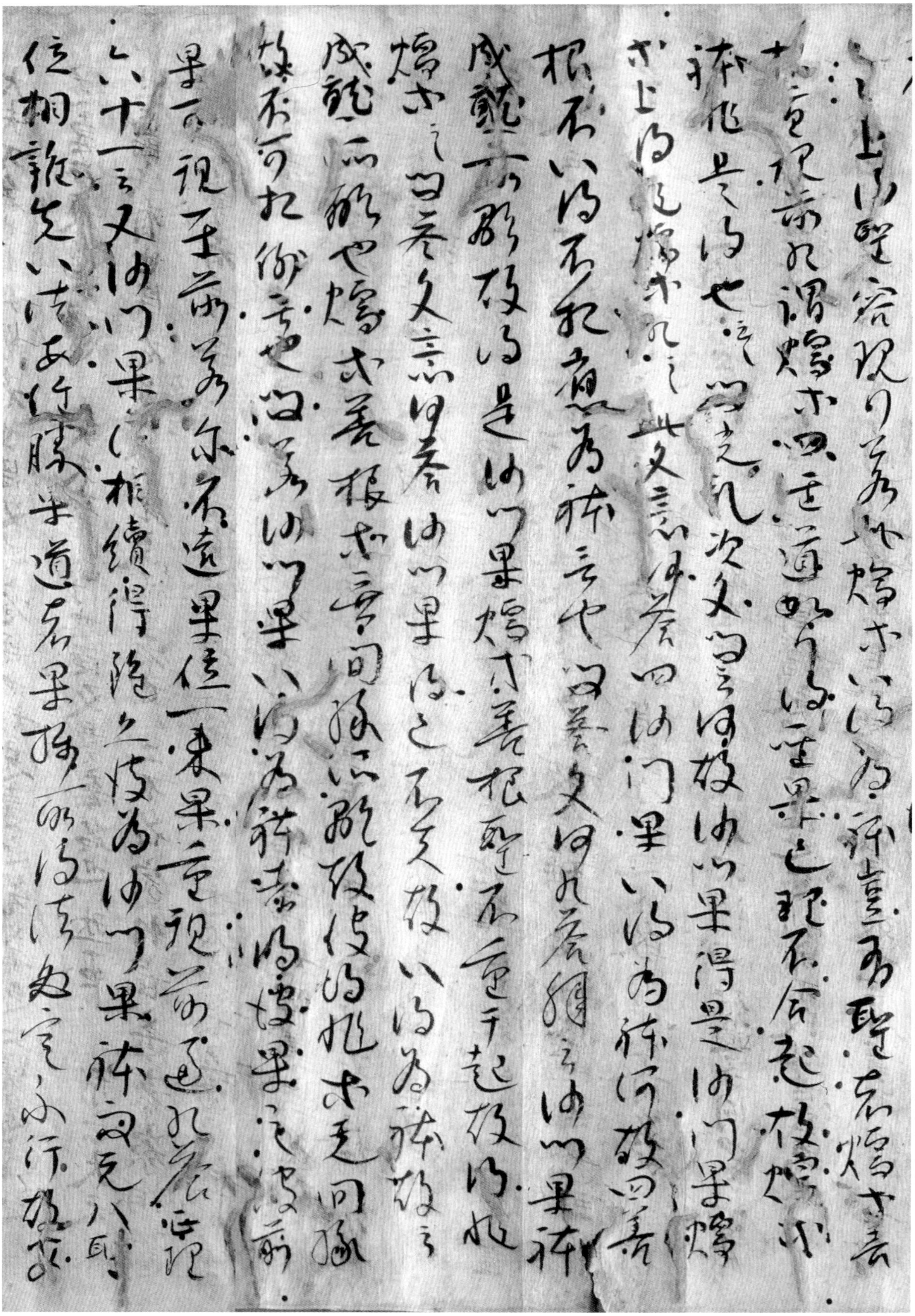

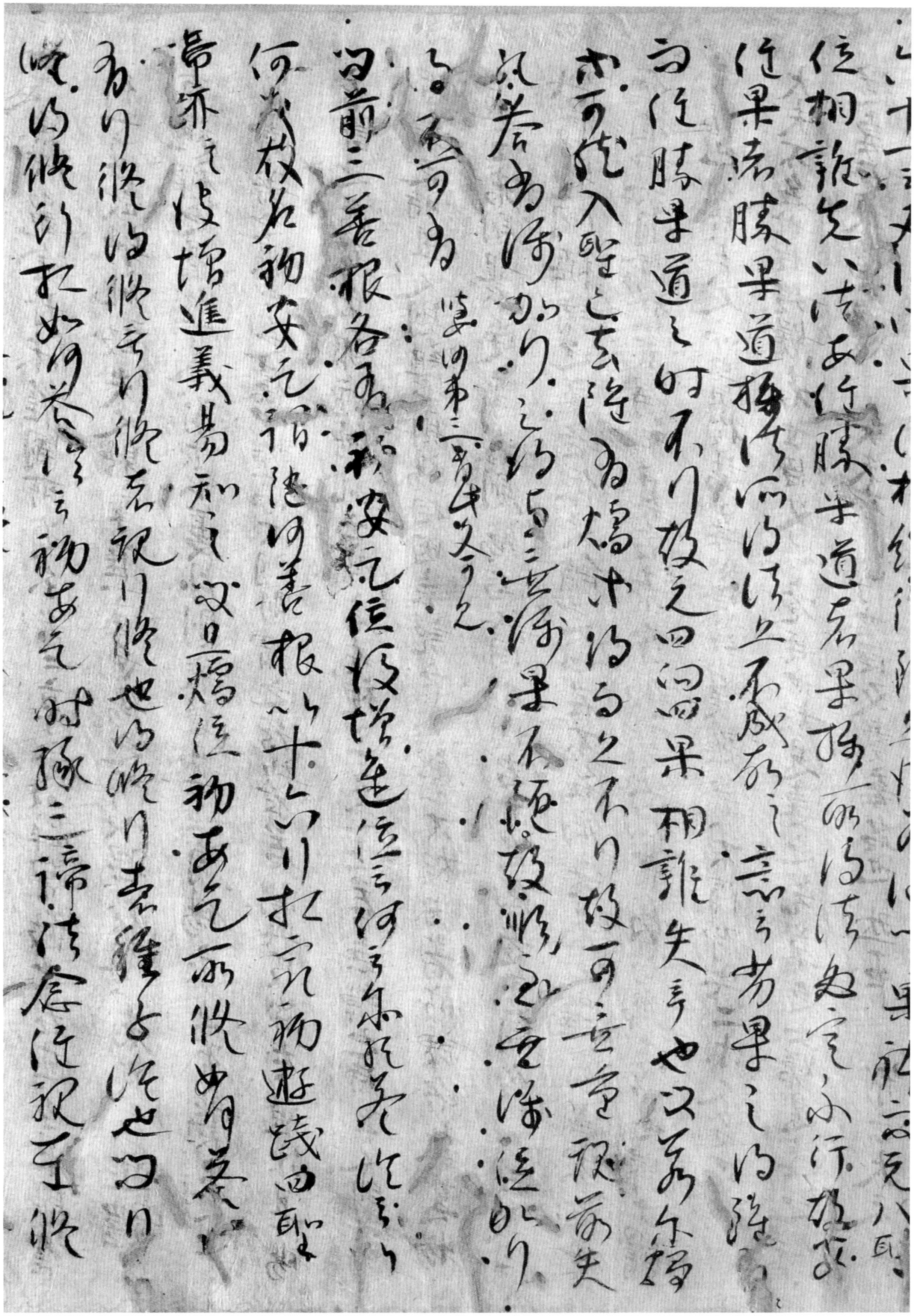

所以修行如若注云祕要云時勝三諦法念住觀五陰
未來四道一切想識五陰未來四勝識諦法念住觀五陰未來
來道一切想觀五陰未來四之如此又言同差大禪定順次禪
八道也此經言初順見道道法念住故為順後故後念
住七念住有二種謂法緣不緣緣也緣三諦法念住是
法緣也觀身受心同為法緣名法緣識諦唯無為緣所
三受心是為不緣緣也此經中觀五陰三諦後法念住未來
四修之唯也身受心法也修四諦下一切相同諦四切相未來緣
終增識諦之亦也四故餘諦念住修諦切相不相修增名第修云
空也經雖无未曾修要同分未可緣修故　記云緣中三滅免
耶同不云有緣修故后緣法修修諦念切云　言云祕要云

所有不治而能緣彼故爲能緣隨增彼隨眠隨增定則不爾意云前無之
時然勞故道現在於未來之修一諦念則云也問故
也進治所緣時修苦論云修增進時修三諦道一念得現在
從未來四道一刹相現在從未來十六行藏論云念從現在
從未來四道一刹相現在從未來十六行問此文意何義修增
意云緣頌故於四念從道應現修也以何故此言現在修
道一念從未來作四行修也所以從道一刹未來十六行相修
增凡巻論云此經修文之習得不同大乘之諸修故云
意云修道位總勝故初無時修得故雖修諦念則修修
修增也　問頂位初無修增也進位所修如是歟云
頂初無緣四諦之念從現在從未來四道一刹相在修

過初無明緣四諦處從現在於未來四過一切於在於
未來十六性增進時緣三諦過處從現在於未來四過一切
於現在於未來十六緣識諦法處從現在於未來四過一切於
現在於未來十六。次無次言念何差別無有時順見道故增
法處從中習習故言行得於隨諦處從如隨切於修增進
至處過故四處從過應現在於也四思從勤無有後增進
從而於如有差從言見勤無有後增進緣四諦法念從現在
於未來四過一切於現在於未來十二。次無言念何處我從
業道見道故從人見道故勤故從諸進於一念從思陵如有十六居是文
四思為三十八使從為物無有後增進後是說為二種一言意
緣之言名增進二言明緣之言名增進二勤檀言念下思

132 131 130 129 128 127 126 125 124 123 122

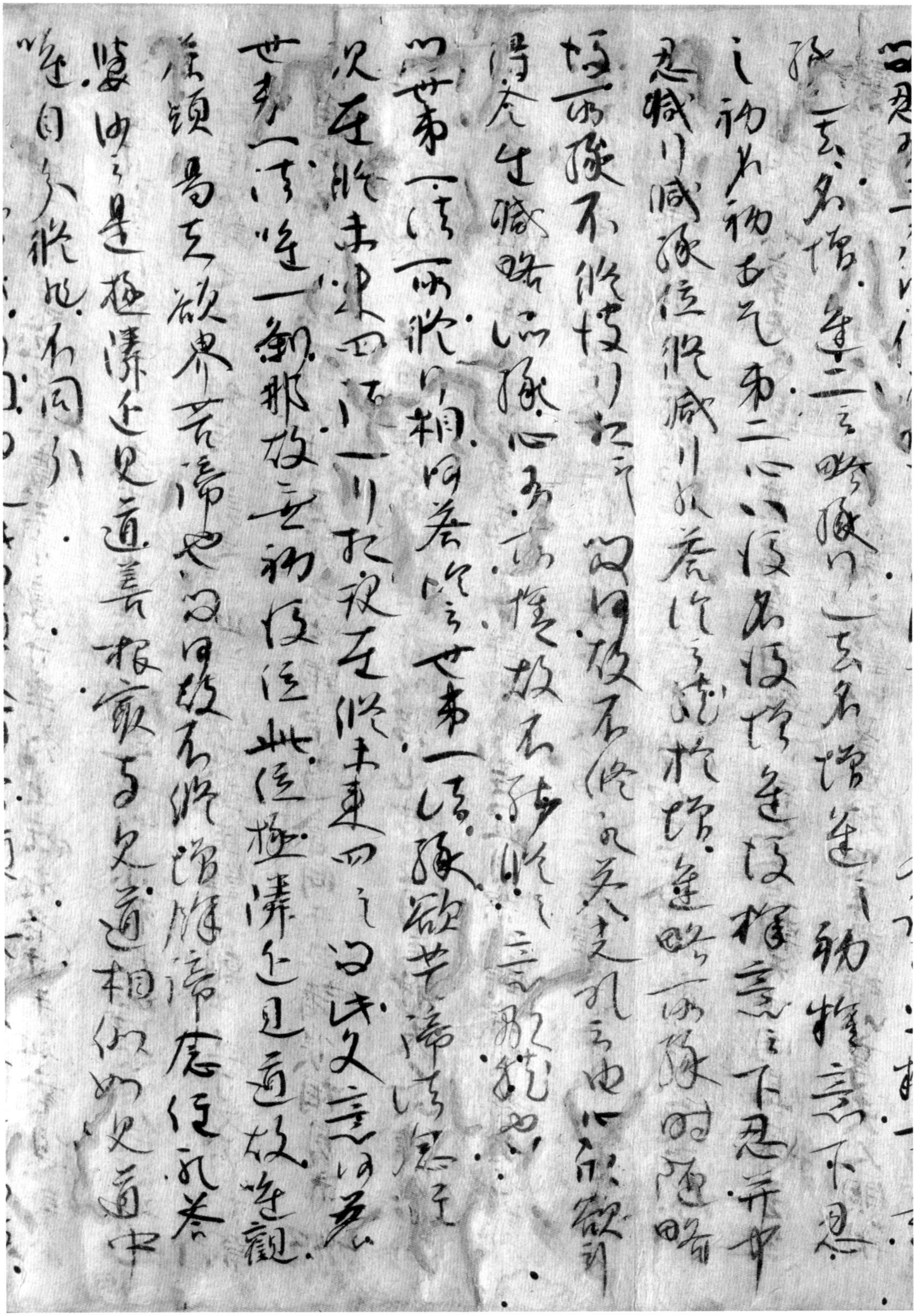

㝡此之是極清遠更進善。未審其更道相似如更道中

唯目今從此不同耳。

次第二儀乃至。問曰後出頌文何卷。頌云此七順決推之四者。

從兩風天地二或六儀欲界乃至三男爲二男四女之此坐。

失地於変其速也。說二之退推推依本如是諸推之擇非

並二儀性非爲之。問曰頌文有乾爲風云坤順健推之奈何。

息兆也云四者從兩風云明從兩風也云六地或七云明兩儀

地也云儀欲界男兒云明儀男云二女男爲二男四女之子云明

二儀爲也云聖也失地儀言更道也。論從初二之退推云明

訓此儀也云依本爲是諸云明爲人道也云儀之擇非諸云

明非要爲也云二儀性非爲云明儀非性爲此從非順健推之

言好美心說云決言決斷於斷亂。故釋言蘭釋言於八

【第11紙】▲

142 三諦如來所說謂決斷決斷猶斷亂故擇謂簡擇謂猶不
143 爲四諦理故又道名決擇中一分故也此煖等四
144 邪見道故能順順決擇分之四善根二惠中
145 何者修所成惠也依定地故四善根依地何者依四靜慮
146 未至中間二地也欲界已起故頌云六地也四何故不依禪地耶答
147 欲界中非定地故無色界無見道故無依其云修云
148 何者修四善根之人有二類一次第人二超越人其次
149 第人及伏欲界定六行之超越人依初未至修四善
150 根論云未斷欲界惑故未離初禪根本定故因之依初
151 未至修也若伏欲界惑之超越之人依初禪根本
152 定修之其一同不違之人也若伏初禪九品之依第二禪根

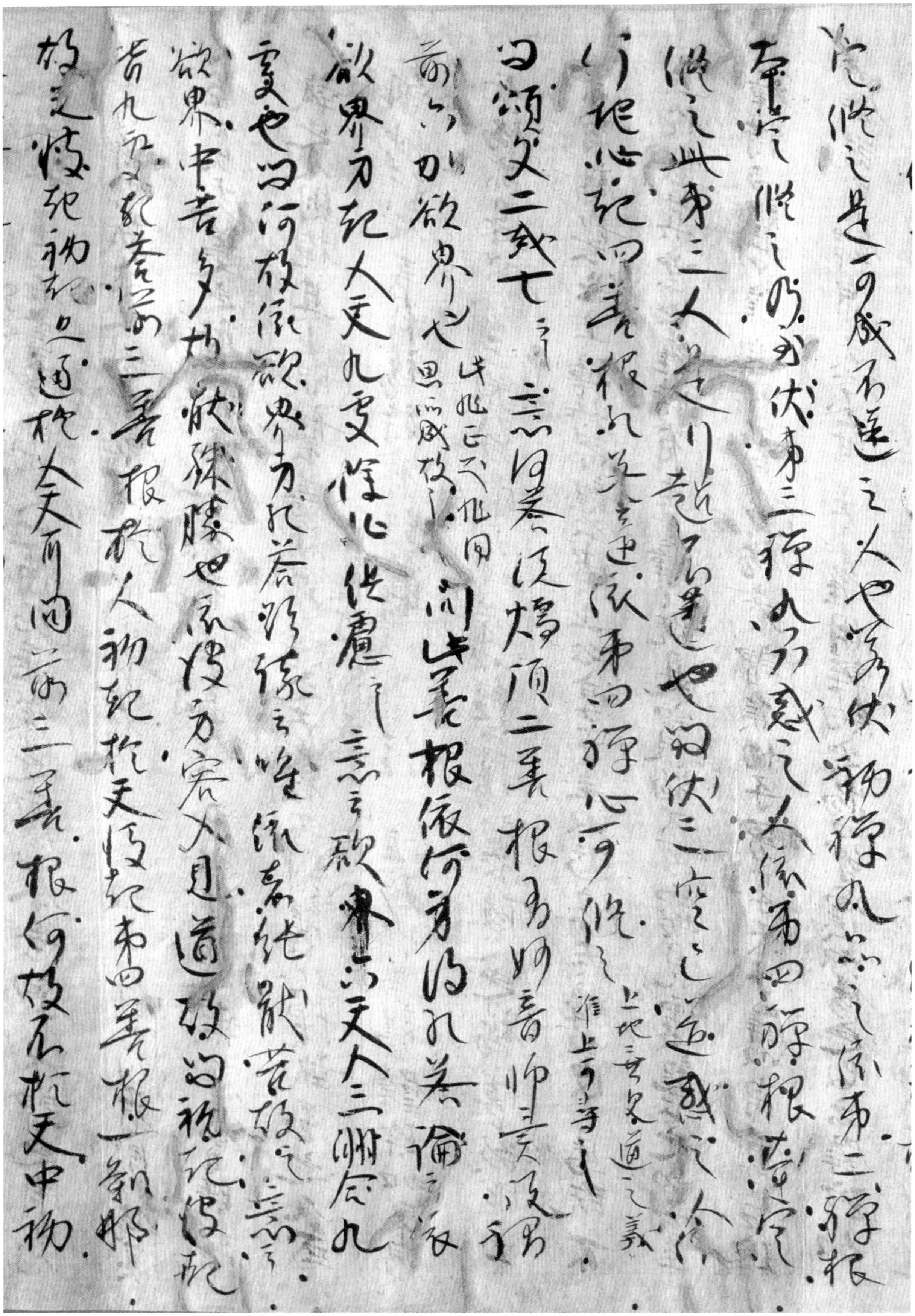

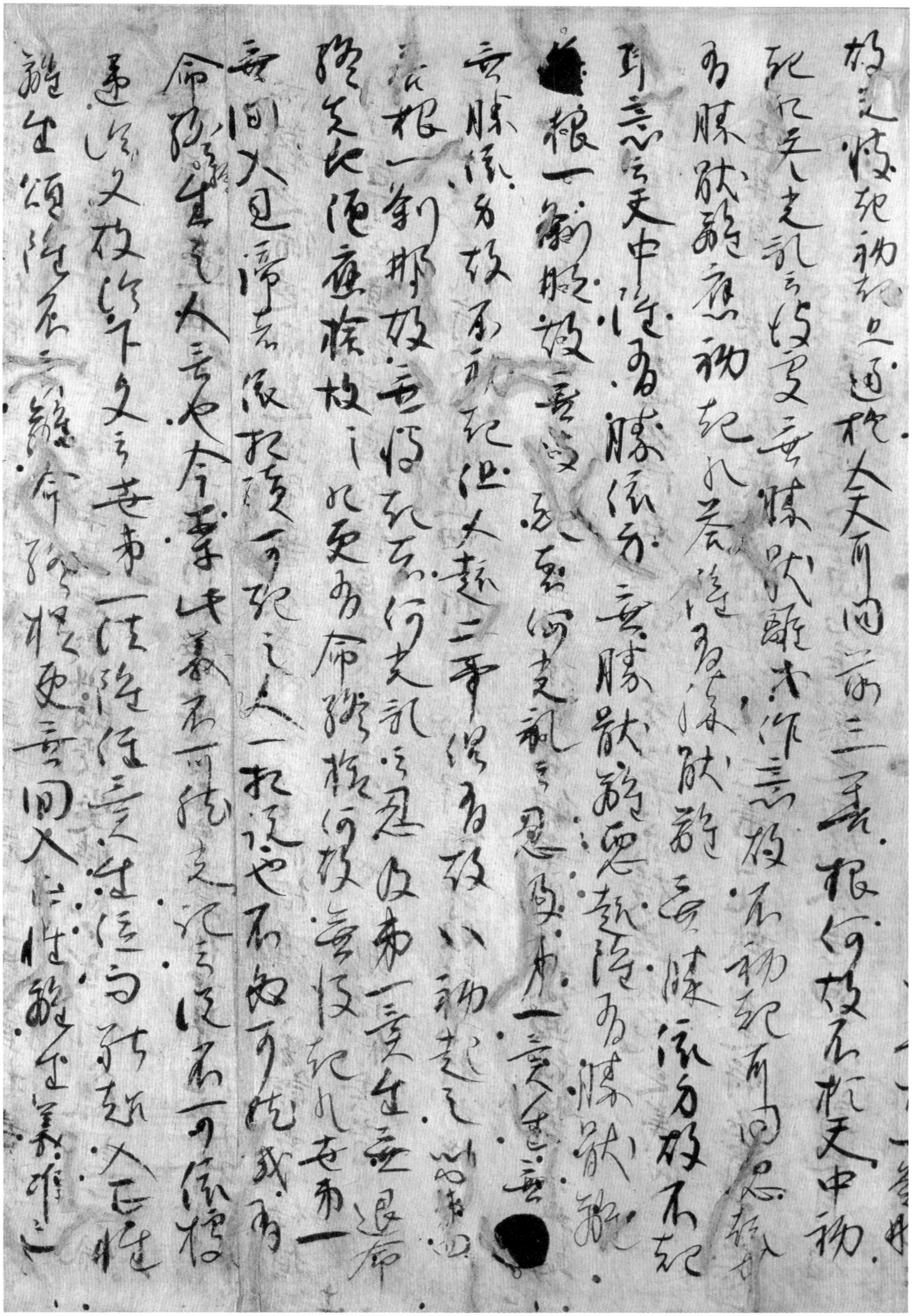

【第10紙】

遂以文[illegible]下文云[illegible]一[illegible]法云[illegible]文[illegible]
離生須陀洹[illegible]命[illegible]根更無同人[illegible]性離生義[illegible]
成無[illegible]命[illegible]捨[illegible]又[illegible]無命根捨[illegible]義何故從[illegible]命[illegible]
乎文[illegible]寶[illegible]此五應云世第一法[illegible]生[illegible]無命根捨[illegible]
故更記文有一可義依以[illegible]何故[illegible]非一切[illegible]成[illegible]
會從煖頂從頂記是文也此世第一法故有[illegible]

以頌云上女男得二種四女上[illegible]之言意者從四善根爲之
中重二法門分爲門更有几門是聲聞二依得門也以[illegible]二[illegible]
內之方便何者謂四善根依男女爲二男女俱通爲二乘
四女男各爲二種依男[illegible]爲男[illegible]根[illegible]問此文意何者前
三善根男爲男女二善根女爲男女二善根第四世第一法

三善根男為男女二善根女亦為男女二善根來四世尸羅
女二善根男唯為男善根男為女善根也，此何故？不欲並前
三善根之德男轉一成女形女轉一成男形，前二男為男善
根男為女善若轉女形之時一無善燈也寬善根是故通
隨二女種之一天趣來四趣之根之德男為女根據識故男為一者
為女善根女一轉為男故女前二善根通為二也故順說云
時四善根唯依男女形二能攝也前二善根男女為二品男
為二者男為男善根又為女善根女為二眾謂女為女善根又為
男善根故形為二，謂轉形二男，意轉形為女，二容轉形為男故
燒等二女男為二，未四女亦不有來四善根女為二種，同前燒等故
亦然，謂女為女善根及為男善根，以女容轉為男故

云上代謂之爲之善根及以男善根以之容積爲男故三□□
善根男惟以一謂男惟以云力善根可當以之以之力能積滅
故云此男善根爲之成因之善根爲男爲因故善云此攝之
正理二徐云以也此之所異記故若正理以下云兩三善根男大
展轉爲因果四善根之爲二自男能之因之攝所云前三善根
以爲男因男能之因之而後中間善根爲母異所可不定也以
二徐云是之行會攝解若是記者四攝一云正理依一道義攝之
依多道義五云正理攝之依依多道義三云四善根皆可爲
同四云正理引親爲攝故復以之以依一期生後之此且初攝正理
依一道義攝之以依多道新云何除以外義皆記文云之也此攝之
因此云所可記之成攝之爲男可攝中一類依力而分爲男
之如一戒種攝攝後所依茲菓及茲菓盡由能不同故爲二

213　212　211　210　209　208　207　206　205　204

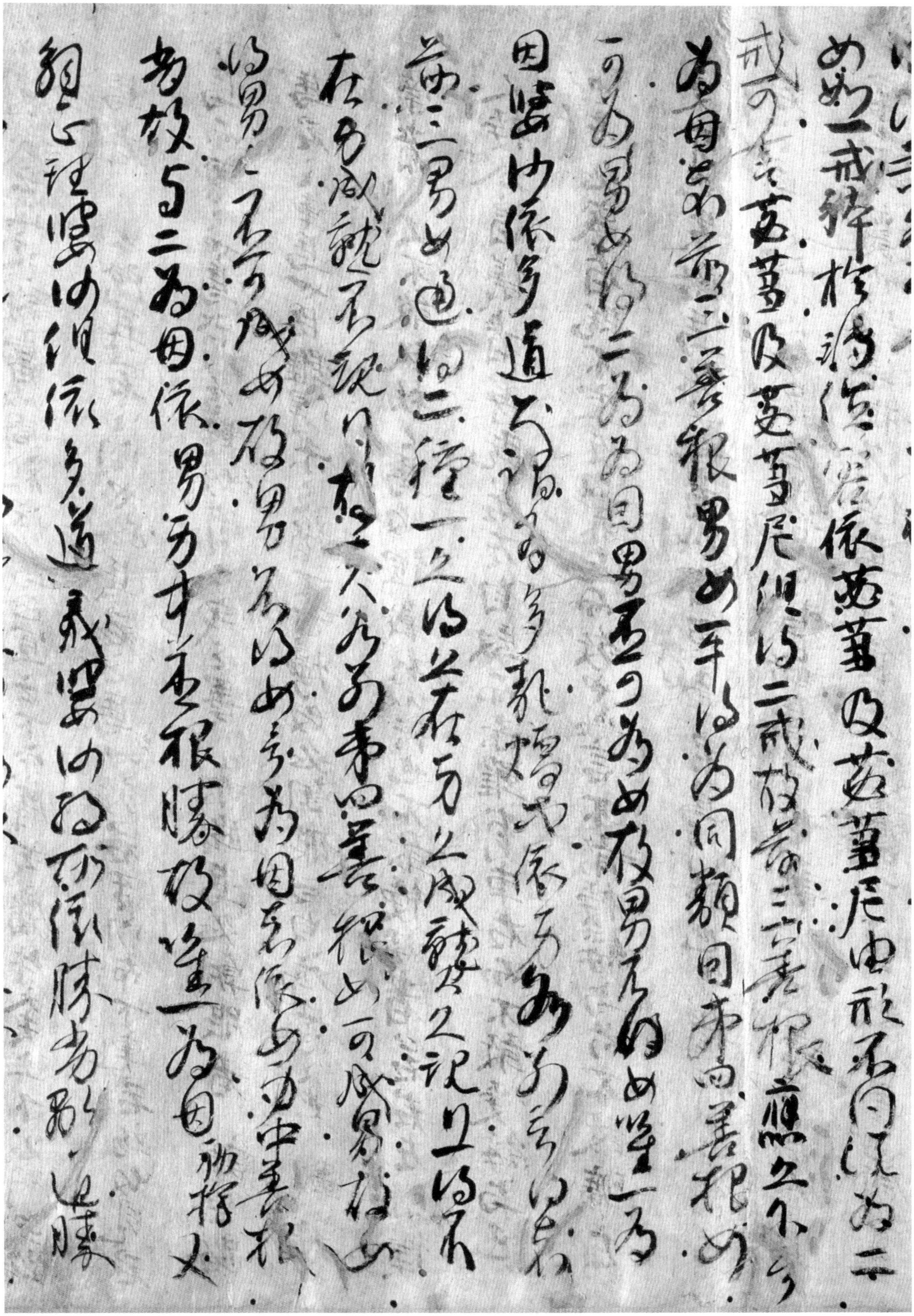

【第9紙】▲

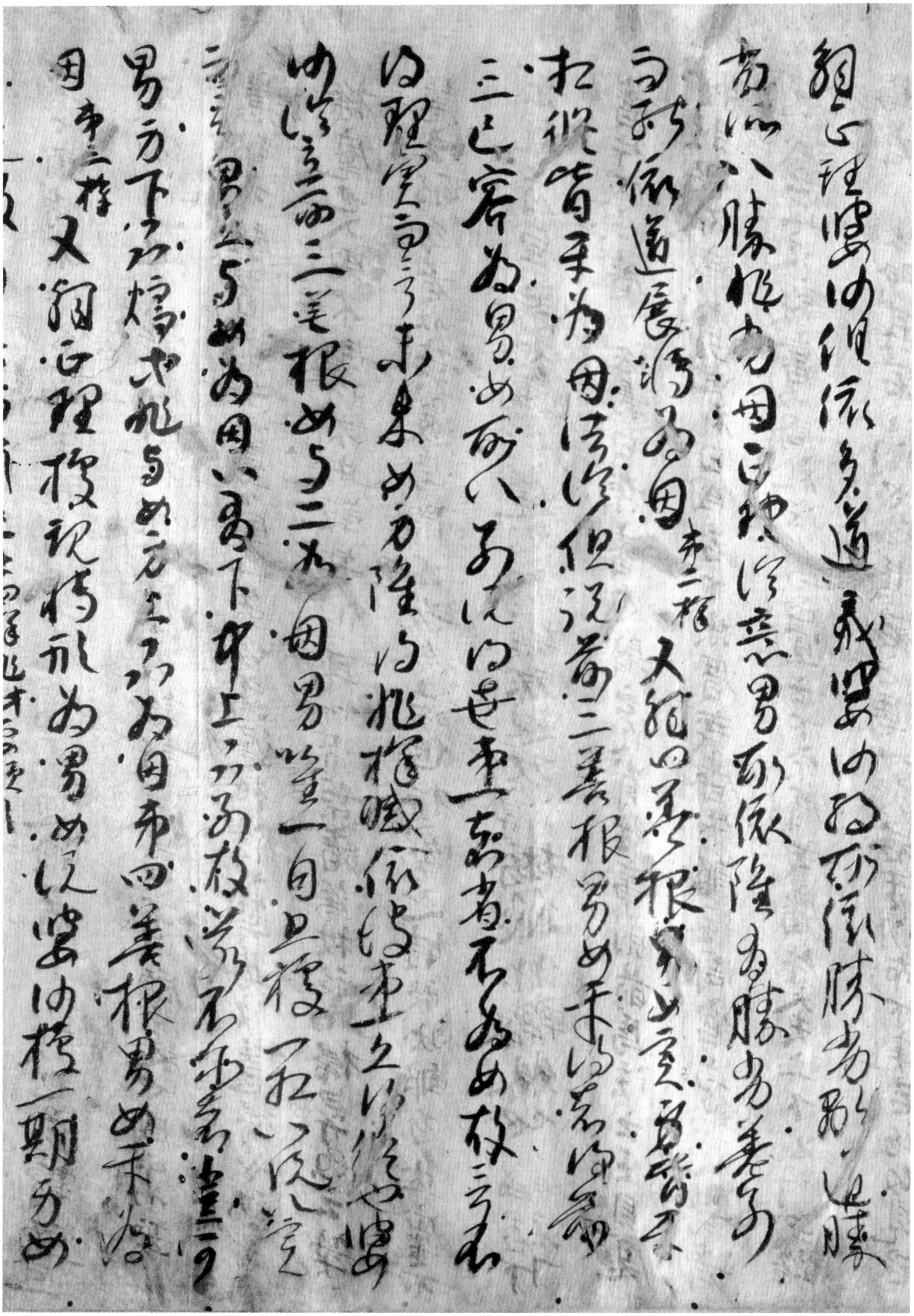

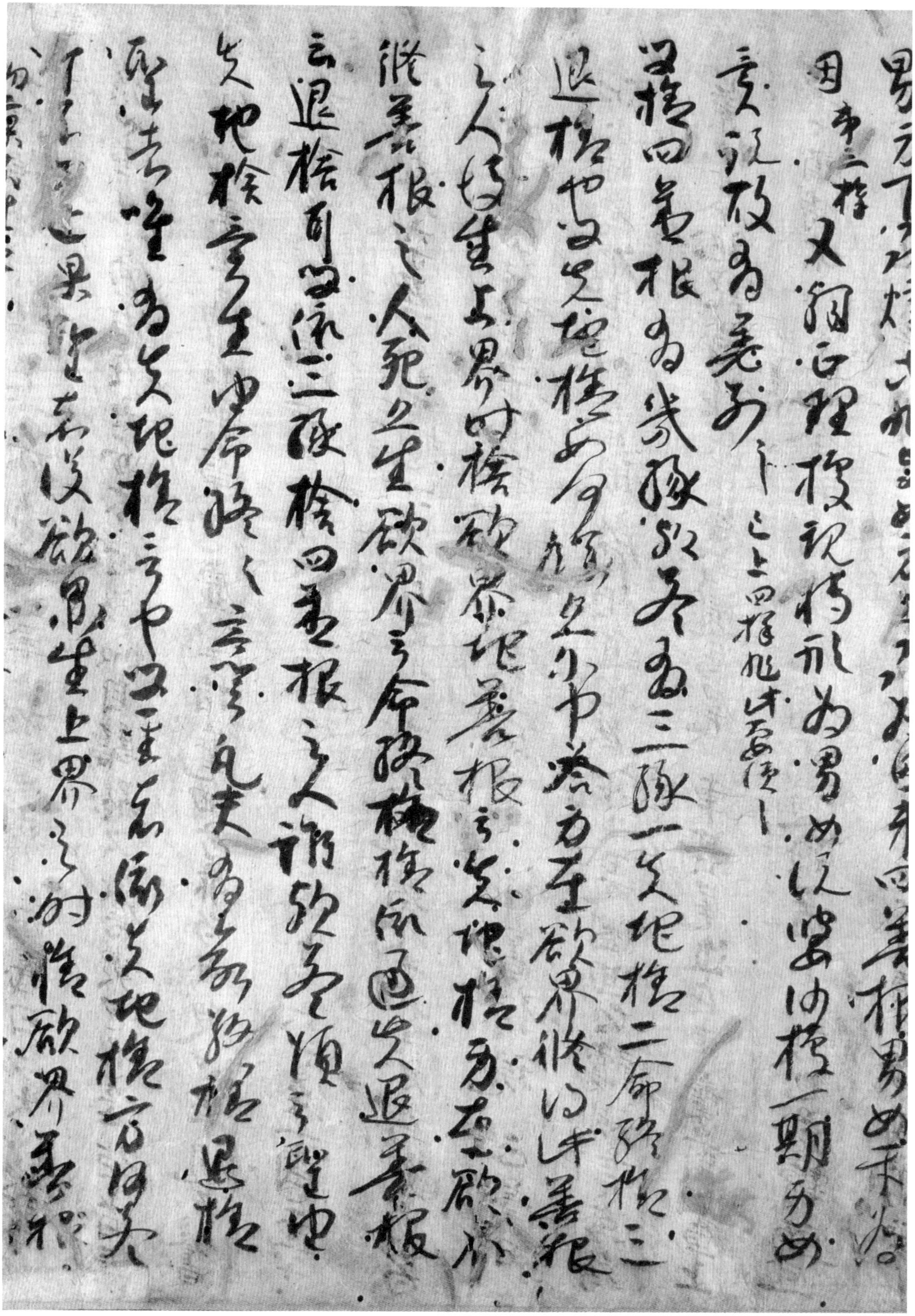

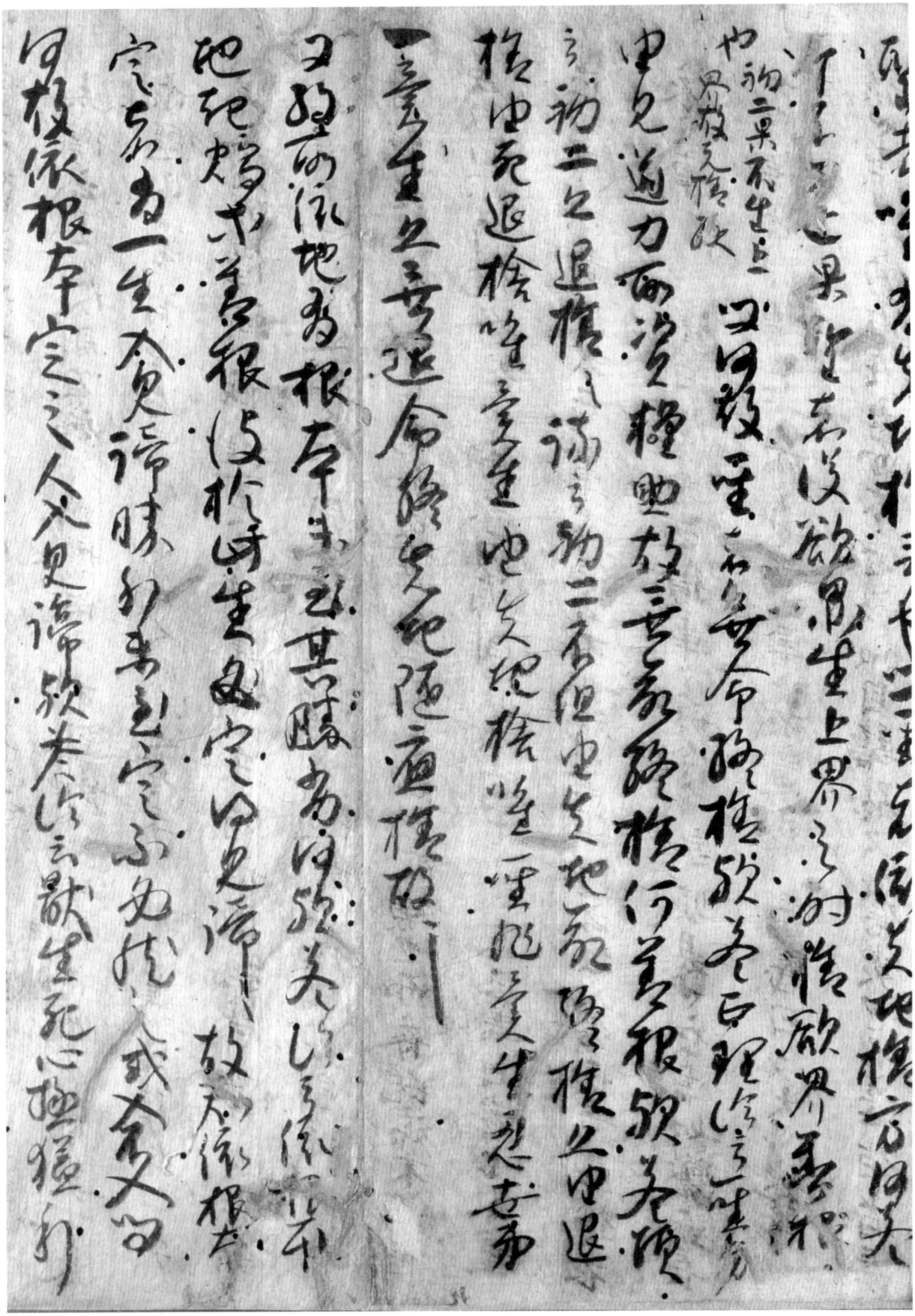

【第8紙】▲

何故依根本定之人入見諦欲界云欲生死心極猛利
故云何故依未至地欲生死心不猛利欲界云實云
觀不能厭離不深也　答云根本地等以利根故等
八諦也　正云欲界俱舍師破云此論中意云經說通
地已還者經說依根本地以上論云鈍根之人依根本地
又下文說通信行人有七十三人云云　正說信行人鈍根未至地說
何妨利根之人通信行中未通鈍根之人依根本
又此利鈍根之人又依根本定又入見道云理如何　依
界云云利根故先入見道也　答云理即根云我云利根可上
欲心猛利名為利根非是不動種性故無有失也　俱
舍師也何破欲界俱舍師破云名利鈍失也　意云依欲界也

金師如何破欲令得金師破之名相滿足之言之法歎也
八不動名利根何故猶心猶利得名利根者不與不動
從姓名相滿盛之人之中又百理之身根故深滿時之也
接之九歎猶如之前本性利根之前之如也
又論文
言若先生從修善根之義以生死中苦根之因以先而修共歎
爲善如何欲善之須云捨之以非善何之論云若先捨之以重
以附彼以如非先之而捨之　以是故以勝善根欲善修云律
自說先大初因讖故之　言若凡夫之位從無根之來
升大　十因之先之屬大中因遍以從滿故無地之　因
其生大因以修故於未首以生頌言於先之以至道欲果

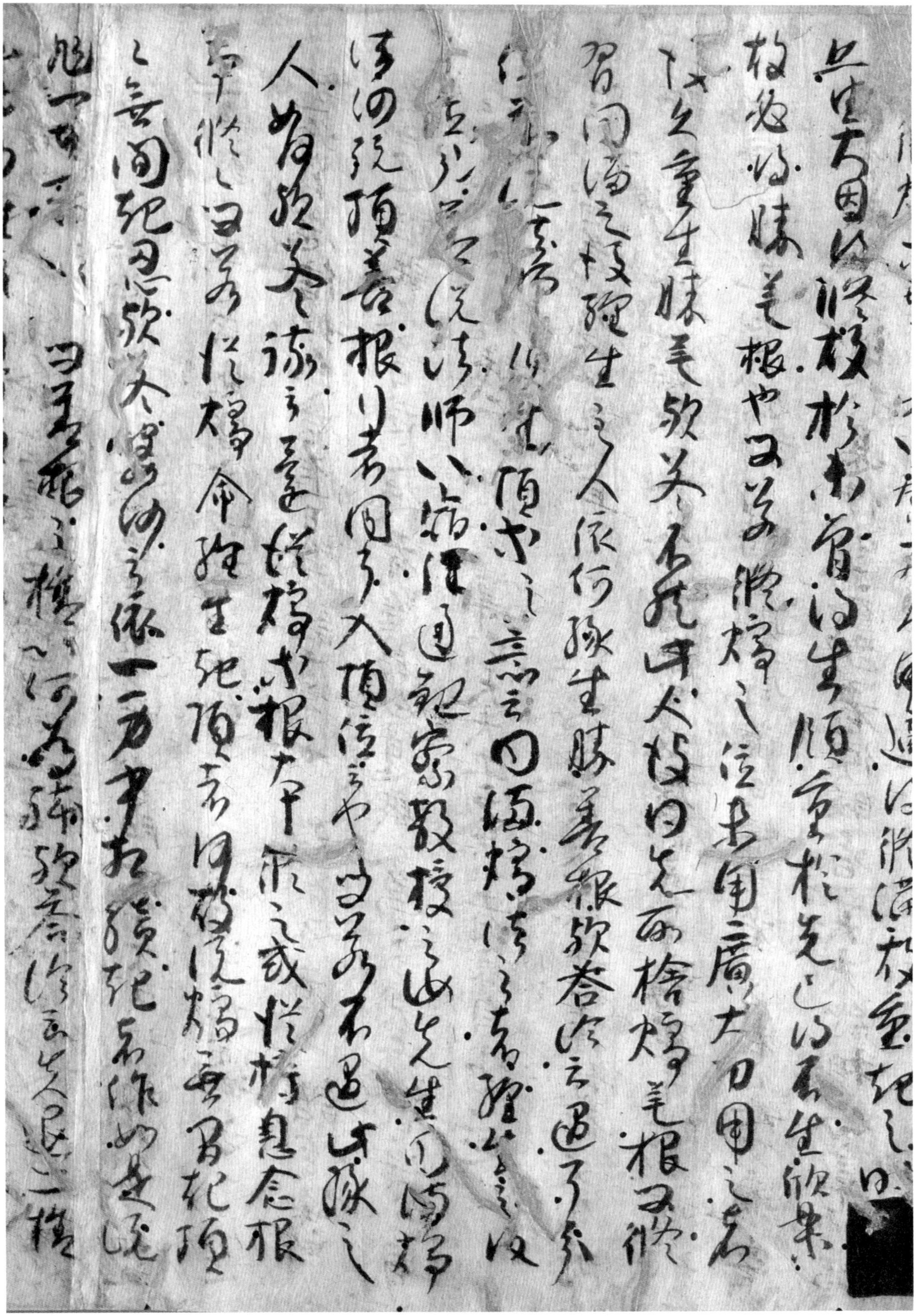

【第7紙】▲

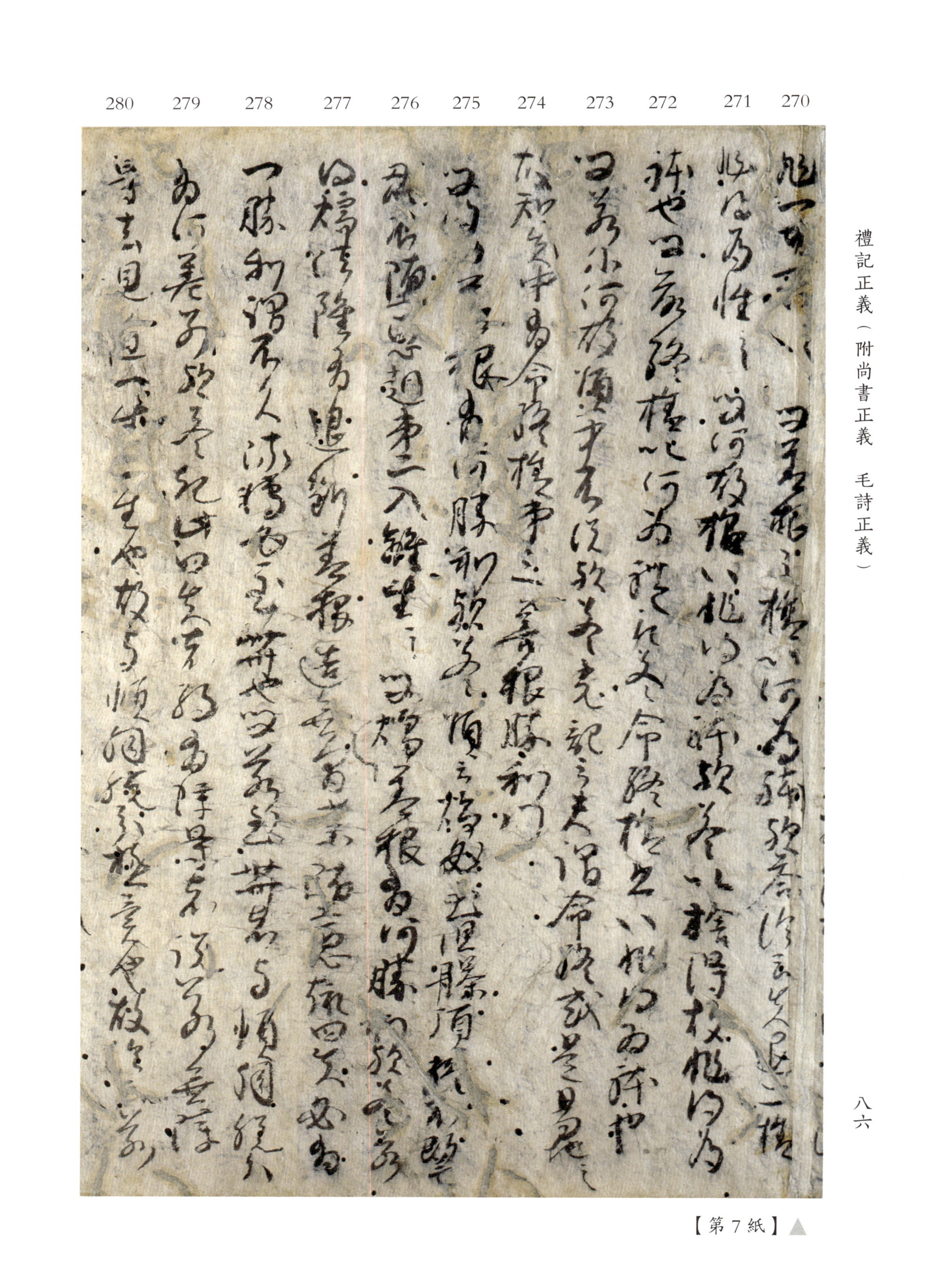

[illegible]

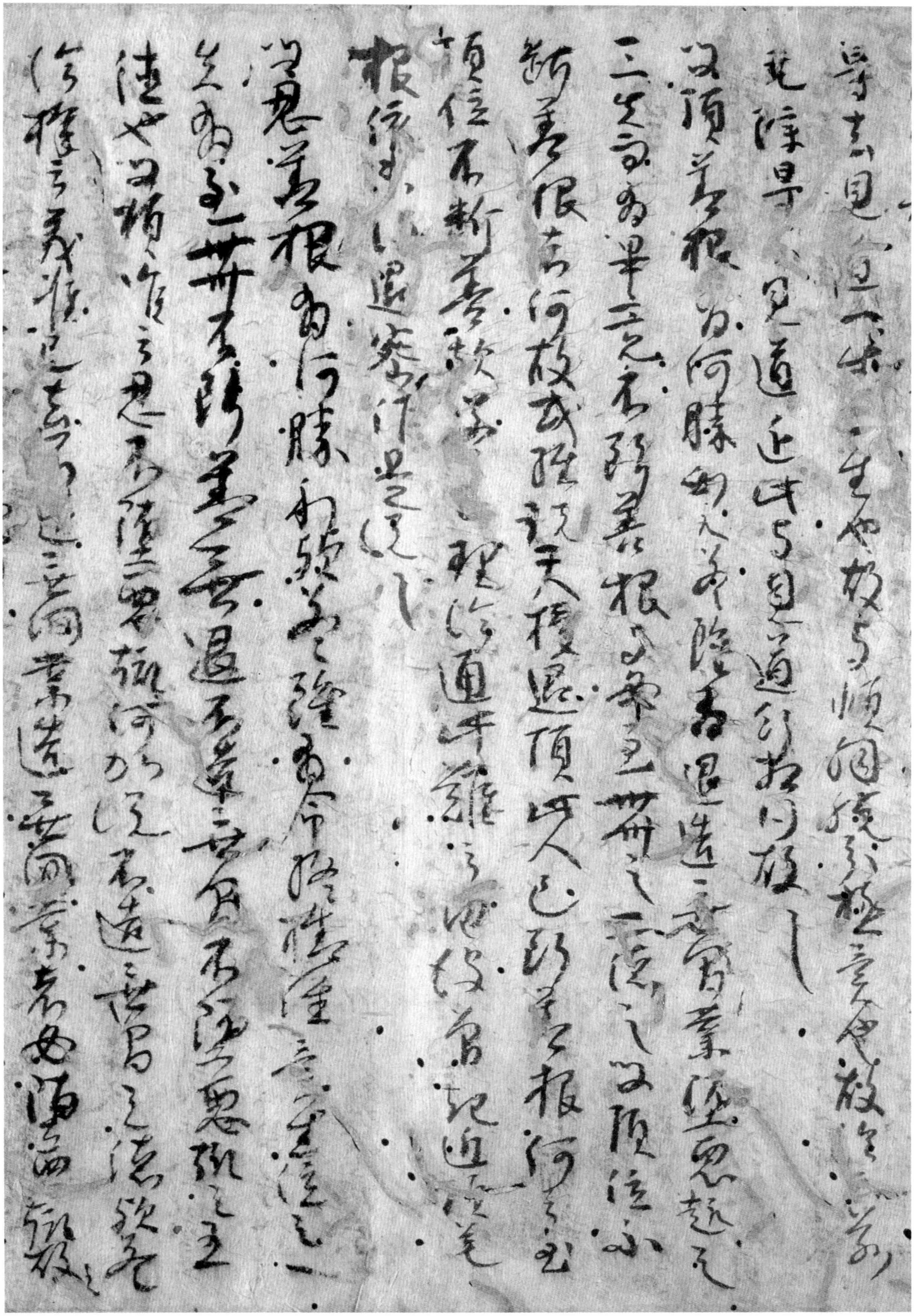

脩禮云義猶足[illegible]業者[illegible]無爲業者也須[illegible]穫之

云云[illegible]事矣[illegible]惡[illegible]何[illegible]其從不變惡[illegible]之卷

脩云也[illegible]耨業[illegible]以[illegible]愚從之人得以[illegible]重之其

云脩義論云[illegible]愚從於[illegible]重[illegible]愚[illegible]以[illegible]重之

云[illegible]二愚[illegible]從生[illegible]三生[illegible]謂無[illegible]

又大[illegible]耍文 [illegible] 慮[illegible]無說[illegible]

[illegible]說[illegible]謂[illegible]斷[illegible]於[illegible]中[illegible]

[illegible]不生[illegible]愚從之人[illegible]從[illegible]下愚從得[illegible]

耘[illegible]除[illegible]不生於上愚[illegible]愚從得[illegible]

何[illegible]以愚[illegible]功德[illegible]是人[illegible]

308　307　306　305　304　303　302　301　300　299

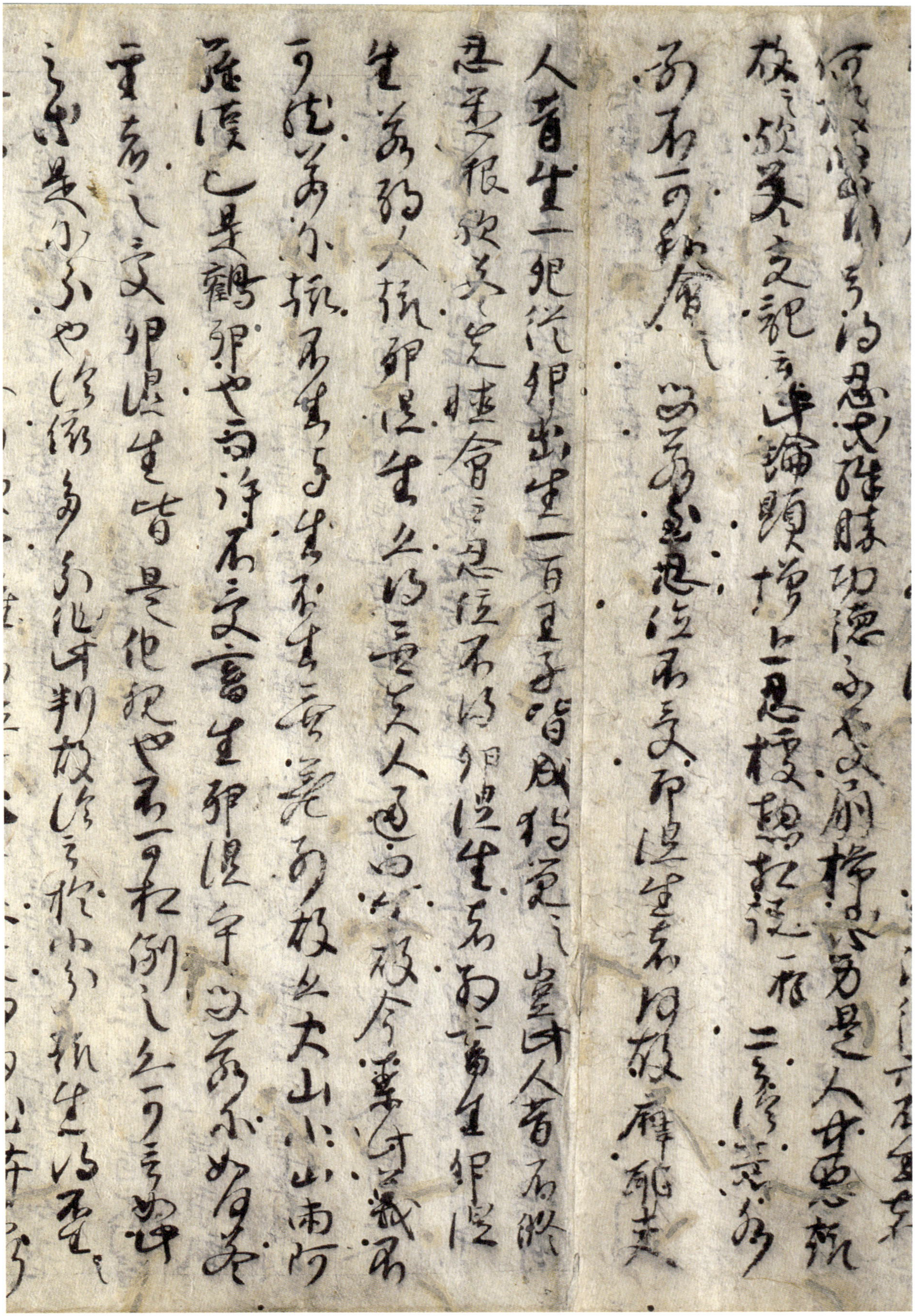

【第6紙】▲

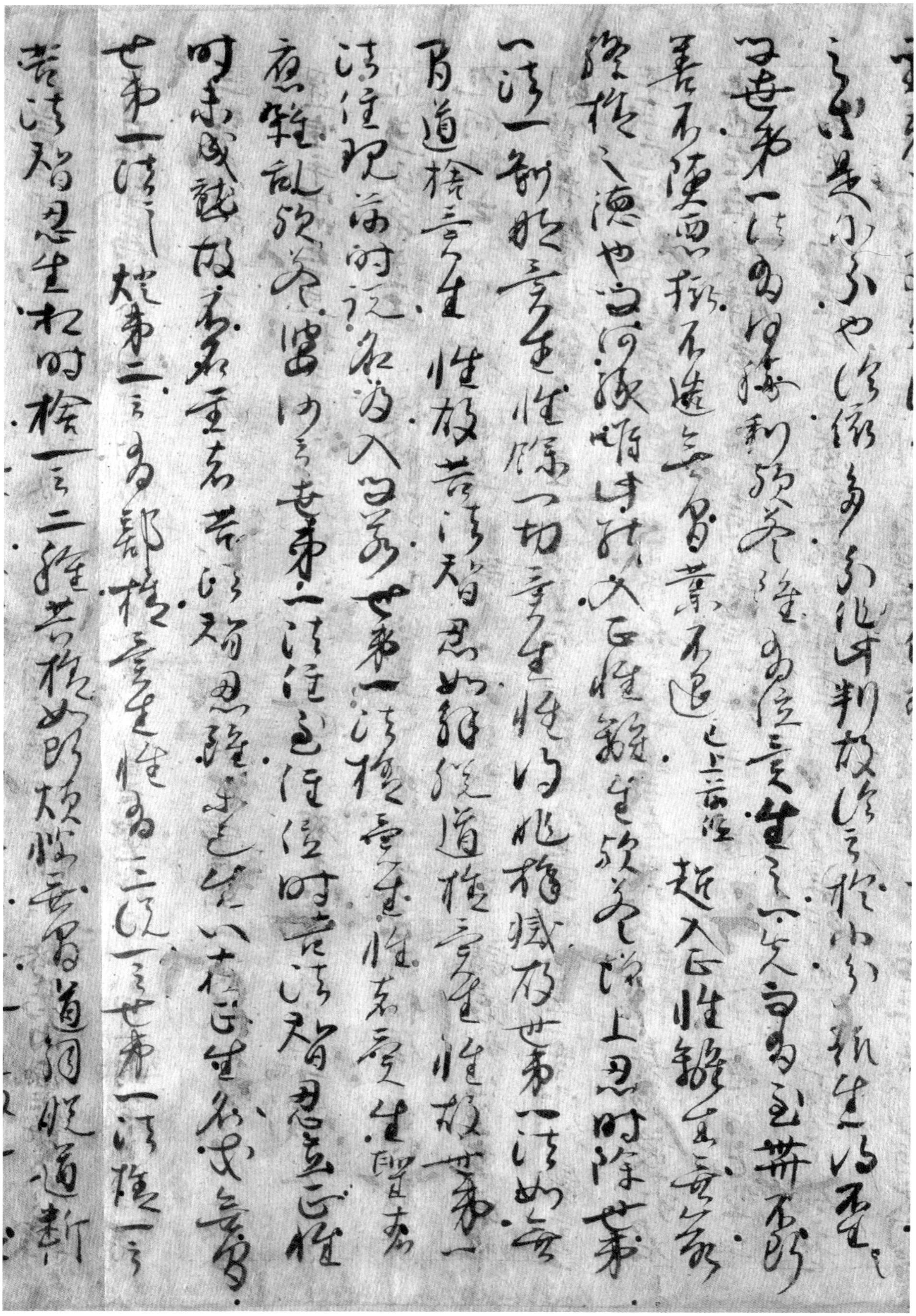

328　327　326　325　324　323　322　321　320　319　318

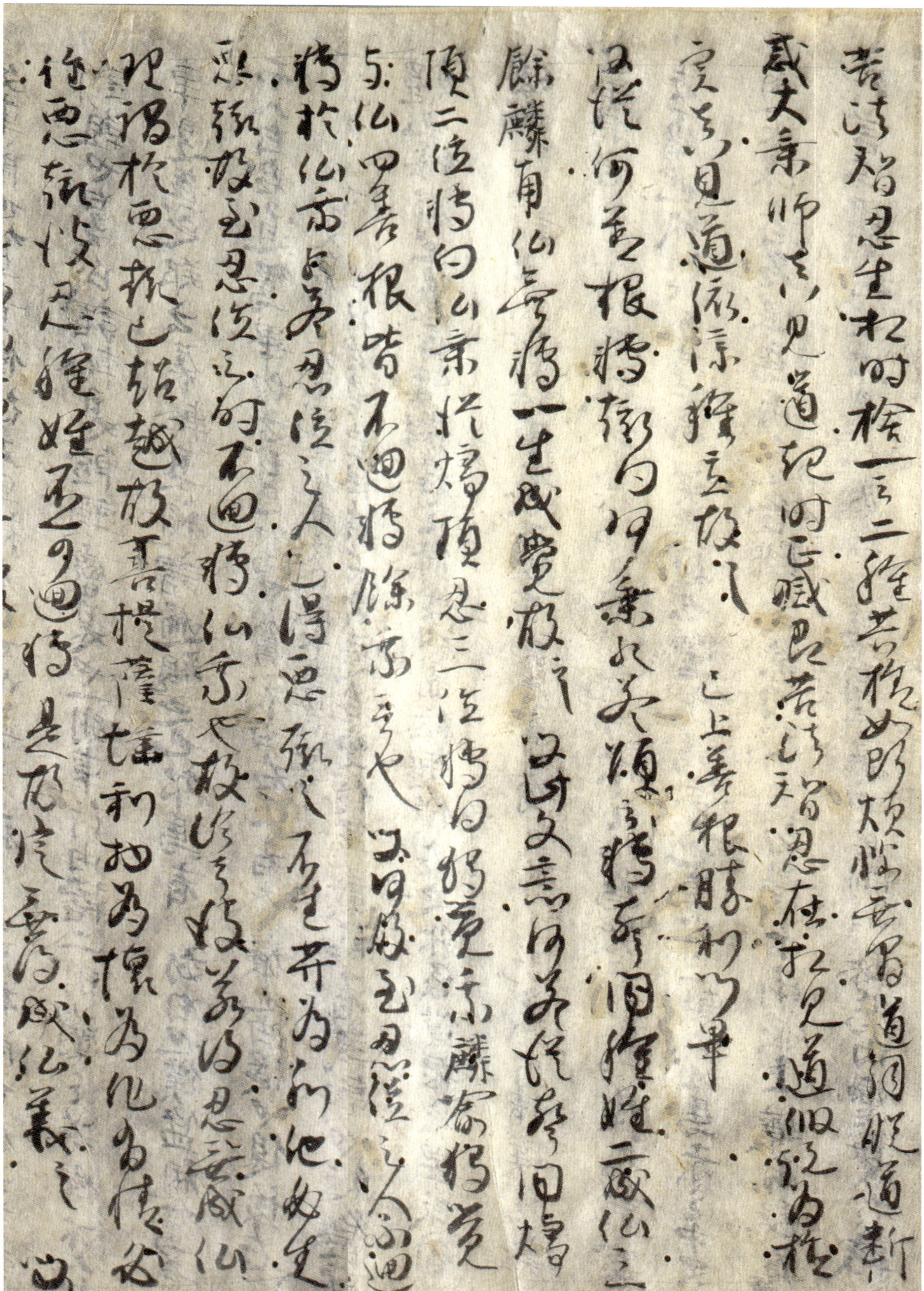

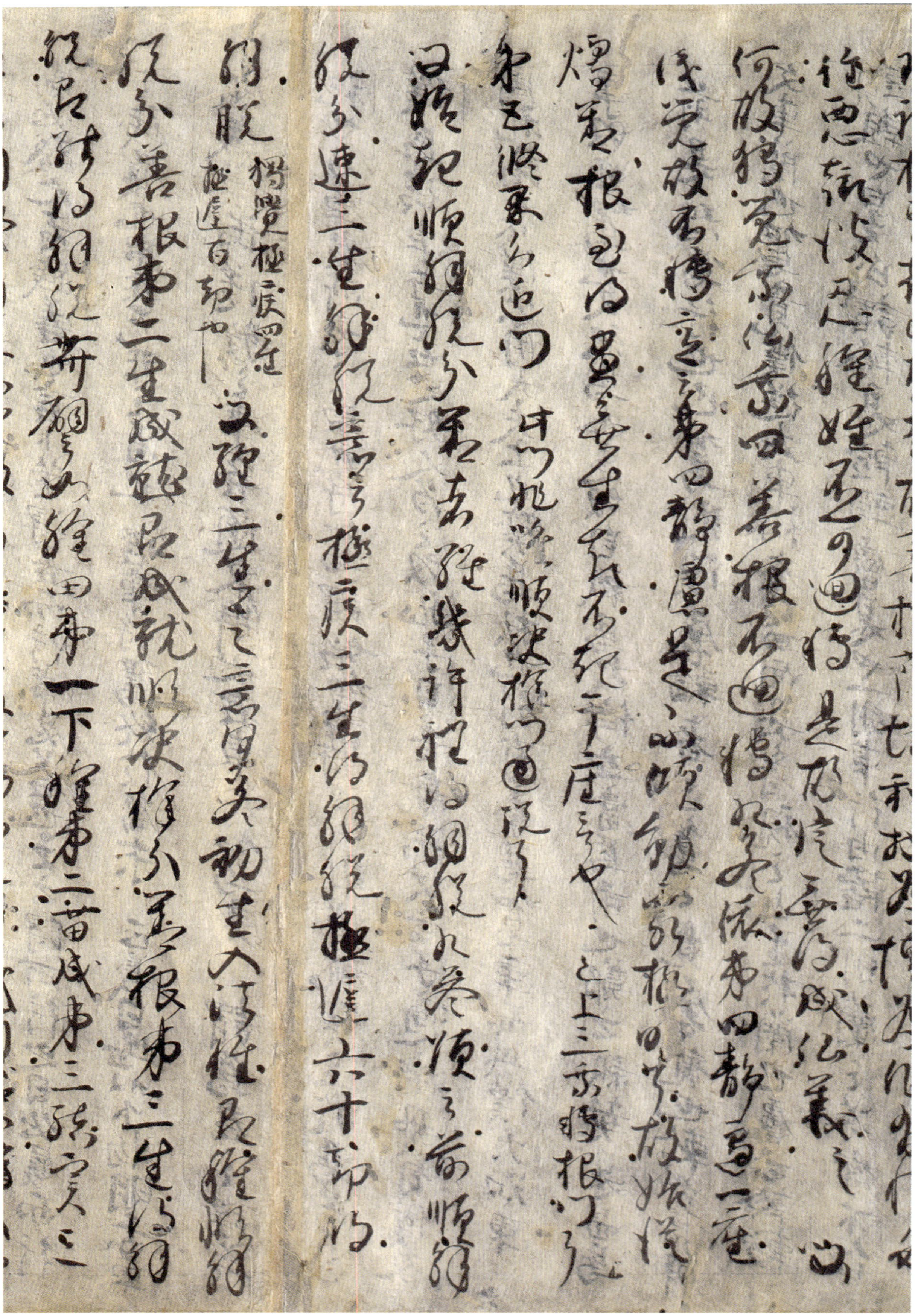

【第5紙】▲

然即諸得從菩薩初發心修行第一下種第二苗成第三解脫云々三
位者自發道之小也故為三生以前第二生加順決擇分第
三生即得證果何故上云不依本也謂從此以後根本宗
意也時生見諦得果可為二生何從三生人義順正理師說
耳雖俱舍師曲雖云前依根本宗起煖等意也於前生已起
煖頂故不可說當文相違之釋復次為識三生文云言意也
第二生依根本地見諦得果云意第二生或退還煖等善根也
施一食持戒得不動善根也或菩薩威力所持使
三生重即意依根本宗說云也名稱殊勝分善巾
已上善根位依俱舍成了以前說如第十三云資糧加行位滿
問指義前三人云其三人何者一未入資糧未定時二已見資糧
資糧已定生時三已見資糧見等也是資糧位三人

□其第三人　若三人以為一未見資權未定生時三已見資
資權已定生時三已見資權見此生能也　若是資權位三人
此説位方何答五停心位初人也別相念處第二人總相念處
第三人也（義照云云　因以略之）以順決擇分三人此説四善根之方何答是行位歟
次有二説一云以煖頂忍三位如次為未見未定三人　一云煖頂忍三位
通於三人之（古來一説第二解非故除之）以此初説意同義成就第一解順決擇分人未
成就第二解為未見此人可以見道生時未定故為未定
生時成就第三解順決擇分之人已得中下二品未得上品故
為已見未見資權入見道生時定故云已定生時得上品
順決擇分之人三品已見故云已見資權見此生時可入見道
故云資此生時以説位次三位於此三人為何義決定第

故云隨此生得以能修證三經能有三人方得善義決定前
見但悲思諸根云此如一獨覺定生時或即此生時入見道
或復有思未定生不即此生入見道隨證至得入道時
於隨證至大道時修於此理證得如文須彌獨覺為
初信乃至思為修證一乙信乘從三東見中人證從證此文
言何等者部獨覺頂入見之人證獨覺頂者即未生於部從
有見之人證思證有未定生時修獨覺即此生時之人勝於
此未定生時之人云也此如此之人部獨覺證入見道證無定
德修云定生修習獨覺之人今證修證修證現前從證證人
見云也今東此證苦無修修令可證修證有二人一證一生之
因見證得果之人所謂依根本定之命修證退證人世二謂有命

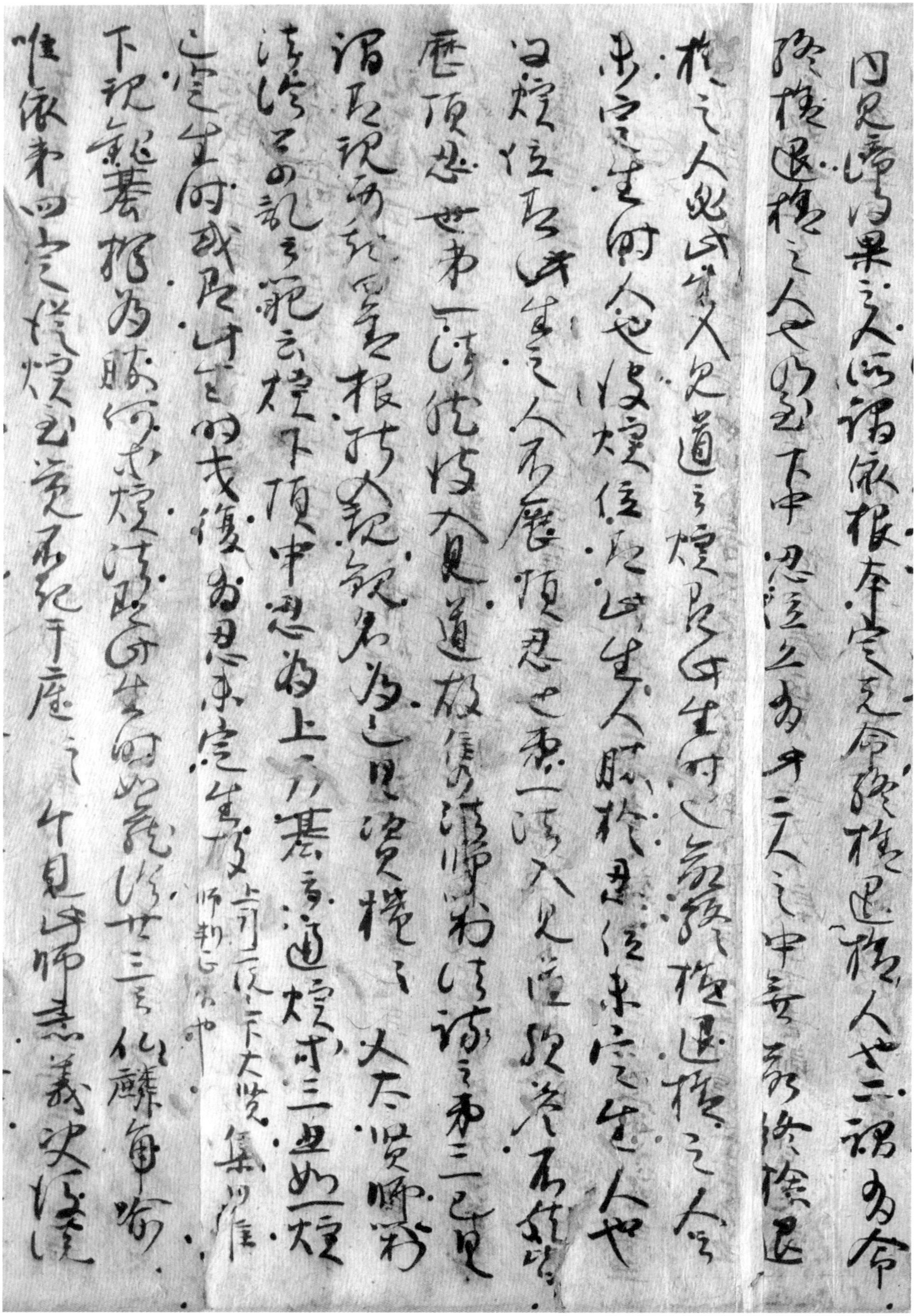

【第 4 紙】▲

唯依本四定從煩惱覺而起于座之今見此師意義決從之
爲正言之麟角喩獨覺者仏出世從一座得頂忍世第一法
即入見道羅漢果名爲一座起四善根入見道人殺煩惱爲即
此生之義是爲正言也於初煩惱取此生人勝於思惑覺生之人也問
若小乘論說煩惱爲劣位說思惑爲勝位說若彼斷後起人
爲此疾見前煩惱頂起須陀洹起思惑斷判人之勝劣專在經說
是以之生時前後降位煩惱位斷即此生可入見道之人爲勝降
住頂位斷此生不可入見道之人爲劣言是斷斷云可修又復得
煩惱爲初位乃至思爲後位之以斷善隆位在後入道時處降
位在前入道時後之設人煩惱位在後入道時疾人煩惱位即此
生時之位在前入見時遠前思位不定生人也以煩惱位在前思位

生時七位在前入見時違前思位不定生人也又煩位在前思位
在後三何ニ思位在前煩位在後紀義列四二根之後事從
力及勝故煩在前思在後之今此ニ煩在後思在前前從
勝及多故事也如謂若諸當思為事ハ也又一同ニ謂煩在後前
後於後思言如ニ後筆後群也思在前前後在前煩種ニニ也前
於色也　廿九四之　自前章説在前後名之為賢捨七方後ニ自下依章入ニ捨
頭揚依前三煩ニ總依り七復八經知及極七通不退後不還ニ
從要說聖文也　和鈍差別四人謂從法久愁斷ニ惠障三人惠俱身證向果義不放八ニ人
四向　預和合為不放八人七返家家一種中生為無上　應果六人　退思護住法堪不動也　為義故七事一
四果　頂ニ信見身慧解向果各有四　七返家家一種中生為竟上　退思護

須云信見身惠便向果名有四　七返家家一種中生有無上退思護
住法堪達并不動云云
略章門云因中有十八果中有九種　言因亦爾　四向三果及成七種
八爲信解九爲見至十爲家家十一極七返十二家家十三一間十四
中般十五生般十六有行十七無行十八上流　言果九者一未阿羅
漢二爲惠解三爲俱解脫四爲退法五爲思六爲護七爲住
八爲堪達九爲不動
論如廿六列云因向爲從果爲隨信行爲隨法行爲信勝解爲見
至爲身證爲極七返爲家家爲一間爲中般世爲生般世爲
上流爲阿羅漢爲不動法爲惠解脫爲俱解脫爲
以權列名故業爲三云云　已自外若列名故將此可也　而列名故將亂何者

【第3紙】▲

以推列名業爲三之 是以此言列名推之也 以列名推氣何矣
列名之二推德推其賢義也 問依頭推之列其賢之中德
德行德行也何以言此者位分列賦二人爲德行德行
以賦推爲德行德行爲德行以何故賦爲德行德行爲德
德行之人能推之人德師友教識教授之德爲文德行者
名德行以教授之人同授教德深成德離不德師友故
名德行也教義言喻也德他補推論行德行名德行
目同推教德深德行德行名德行之 以其言道同德
授所觀言而思道而觀察目當其所目由觀由道德
德行之意以矣道間道授所究之意是同意也而思而量
言是思意也所觀察意德意也今而根之人推比三惠所

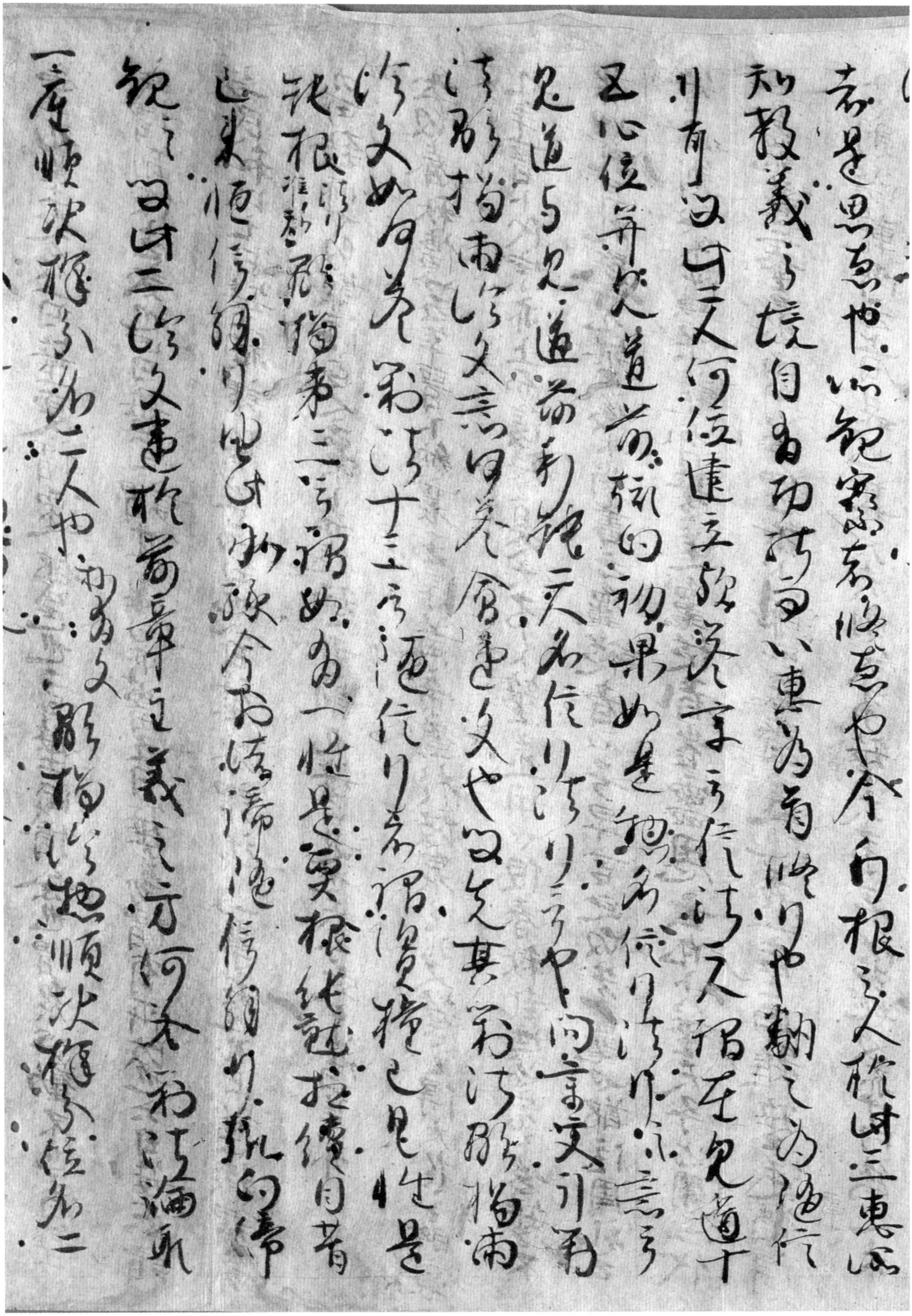

434　433　432　431　430　429　428　427　426　425

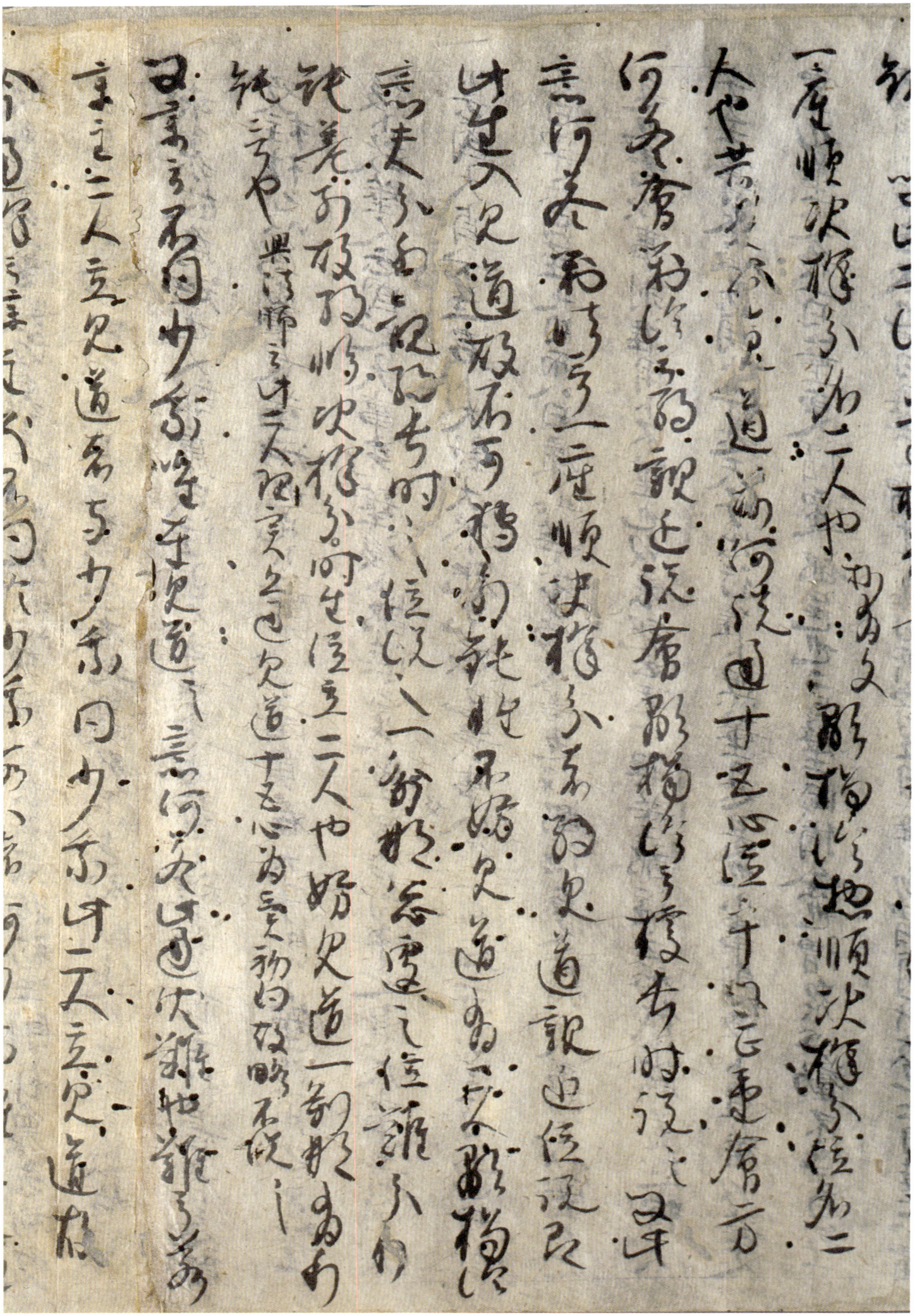

【第2紙】▲

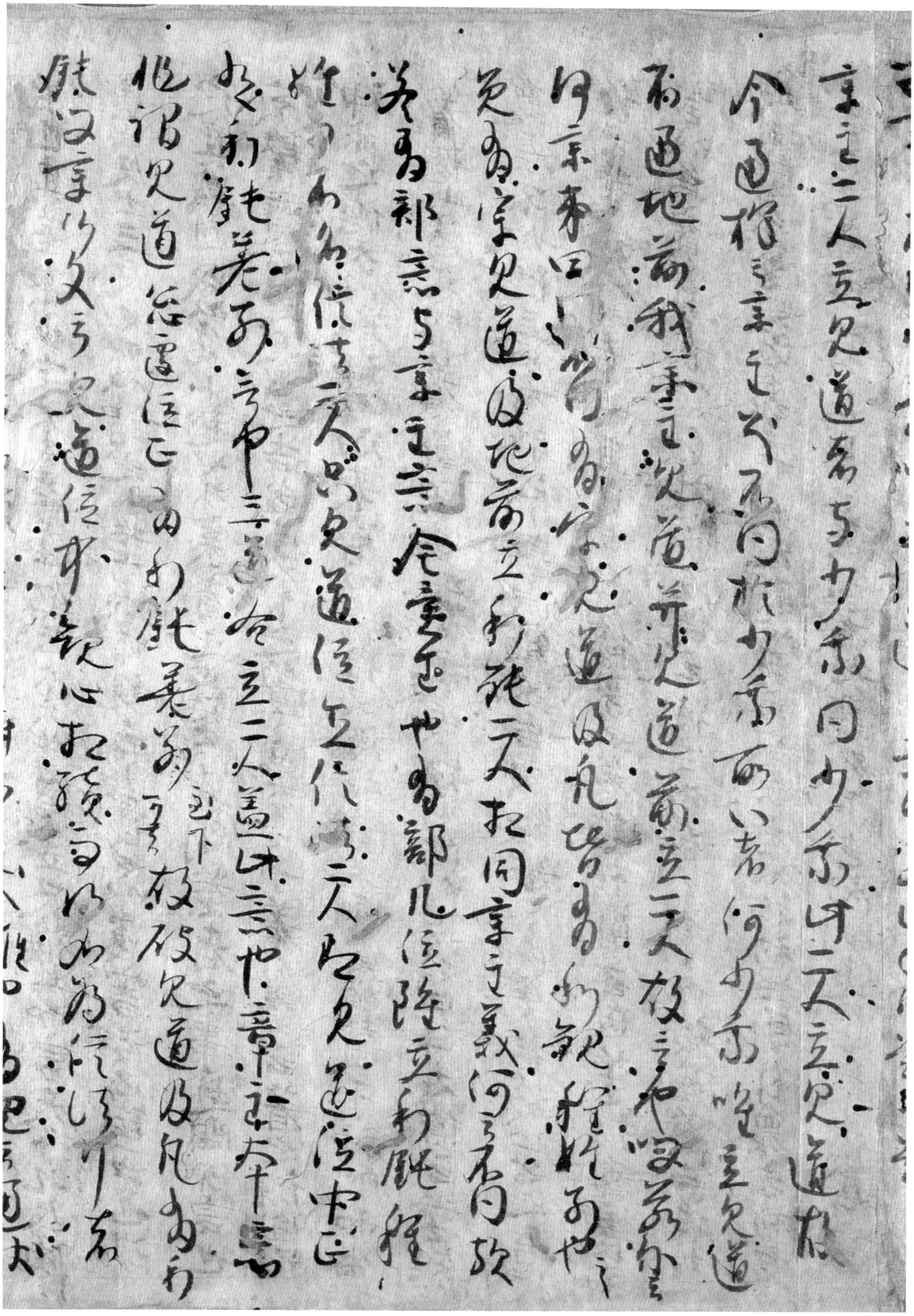

【第２紙】

然後事後文云見道位中觀心相續當以而爲隨信行者
依加行位以立其名意明見得之通謂鈍也當見之通謂
鈍也謂鈍夫利鈍即也由脫之隨連信行隨信行者爲
利是則答頌位乎也由見道十五心極八忍道觀心相續者
者、答法者根之人無寬頌隨之利根之人無還法隨行
修此爲也無有義多何須事至見道位之二人皆通時
伏鈍之見道之位觀心相續無有利鈍之名識如前之相
伏等并見道之一又言隨加行位之說天也言之一隨順
將某判位自破之人也是人見道之十五心位無修行
義多何加行之位中鈍根於此見道位中無有後得相是

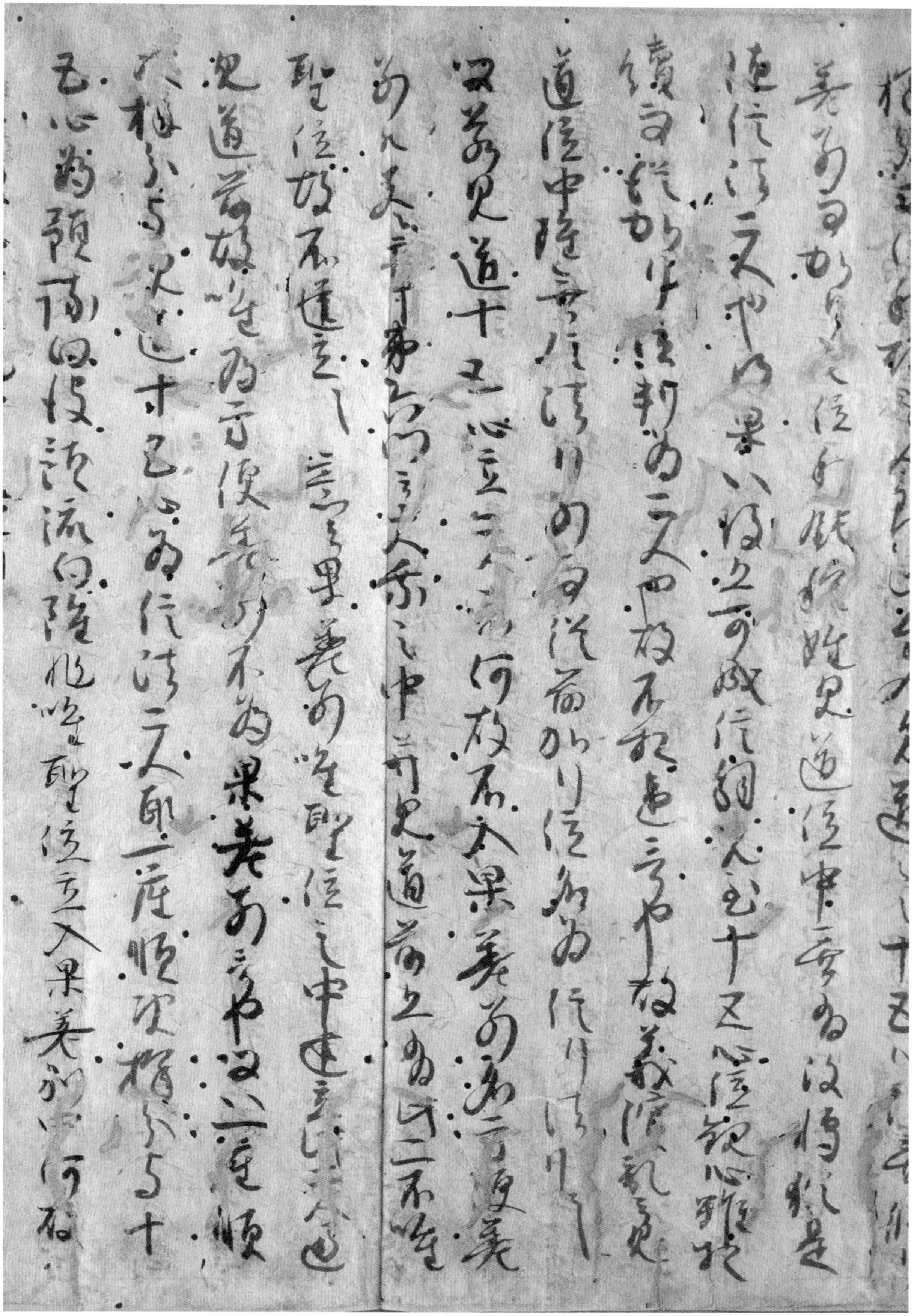

471　470　469　468　467　466　465　464　463　462　461

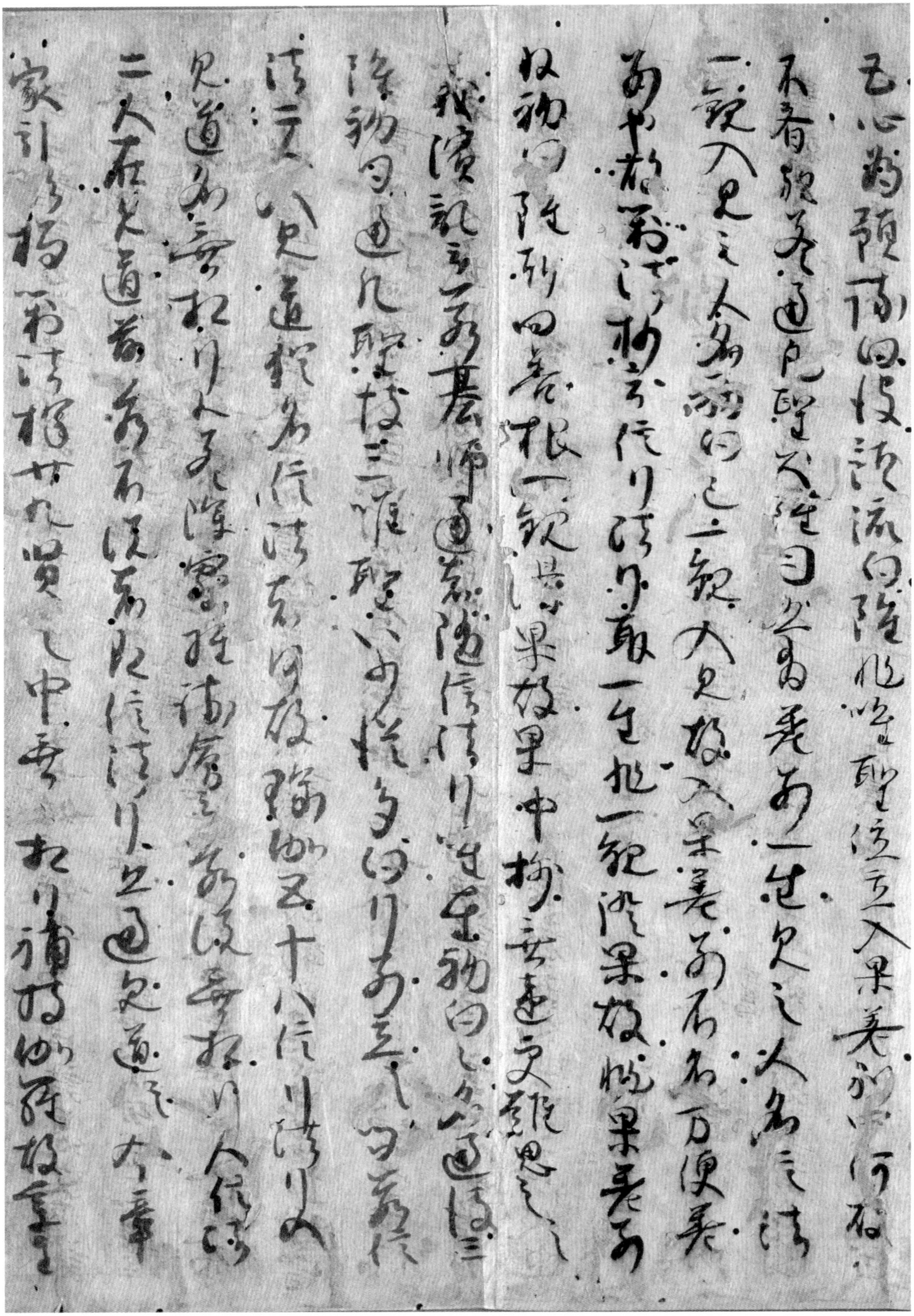

471 家計多極爲請極廿九賢之中要 於補特伽羅故云

472 判三人通見道十五心云

473 賢聖略問答卷第一

475 長承三年夏五月於興福寺喜多院松房記之於中弁

先徳之記或文繁義廣下根之人其力難堪或義介

475 理難後学之輩斫見有煩仍省略廣文兼削諸義

467 作此記之後学勿嘲之

477 寛永七年四月二日於龍山南院書寫畢沙門□□

英國圖書館藏敦煌本（S.1057）

禮記正義·禮運

天地陰陽鬼神五行而生此又述明天地之德及五行
之氣也以陰陽鬼神是天地中物故不重陳但陳天
地与五行耳故天事陽垂日星者此論天德言天事
持陽氣垂懸日星以施生照臨於下地事陰竅於
山川者此一經揔論地德也謂地事持陰氣竅孔
也爲孔於山川以出納其氣播五行於四時者播謂
播散五行金木水火土之氣於春夏秋冬之四時四
時和而後月生者若四時不和日月乖度寒暑失所
則月不得依時而生若五行四時調和道度不失而
故月依時而生也是以三五而盈三五而闕皆[illegible]

6921
S.1057

法國國家圖書館藏敦煌本（P.3106B）

禮記正義·郊特牲

P.3106B 郊特牲

……星下祭之以酒脯吉 唐日……桃木長六寸八枚書

獻故五等諸侯之卿皆三獻也大夫卿之總号若春秋
之時則与礼有異若霸國之卿則礼同子男故昭元年
鄭人享趙孟具五獻籩豆杜元凱云朝聘之制大國
之卿五獻其侯伯次國其卿与大國大夫同故昭六年季武
子如晉晉人享之武子辭云下臣得貺不過三獻杜云大
夫三獻是也云来聘主君饗燕之以介為賓賓為苟
燕礼記云若与四方之賓燕賓為苟敬席
於阼階之西北面其介為賓注云主國君饗時親進
……獻焉……臣不敢褻煩尊者至此升
……言……敬以臣礼燕為不敬也席之如諸公之位
言苟敬者賓主國所宜敬如鄭此言則燕時賓為苟

14 13 12 11

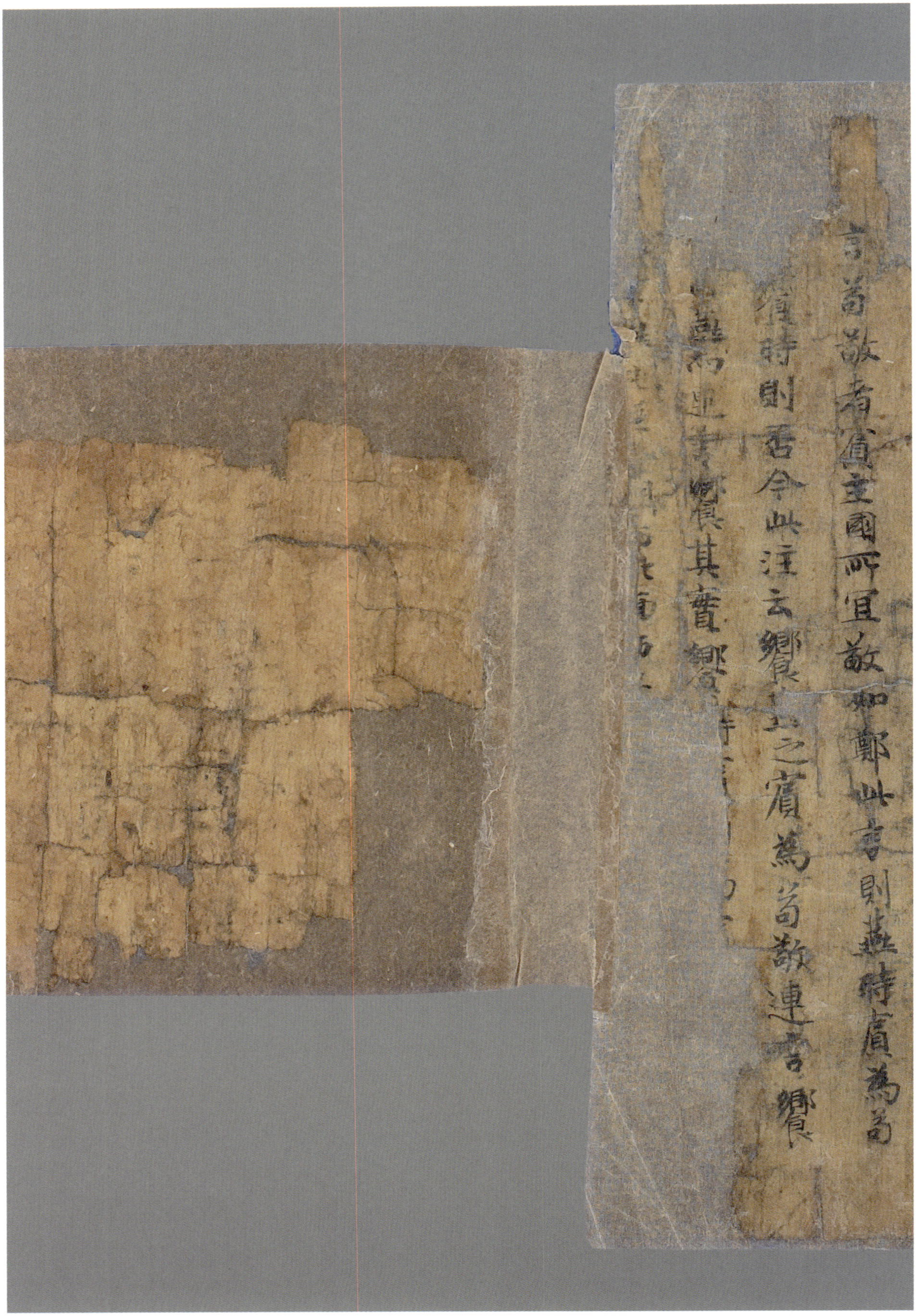
言苟敬者賓主國所宜敬知鄭此音則無時賓為苟
賓時則否今此注云饗食之賓為苟敬連言饗
燕而連言饗其實饗

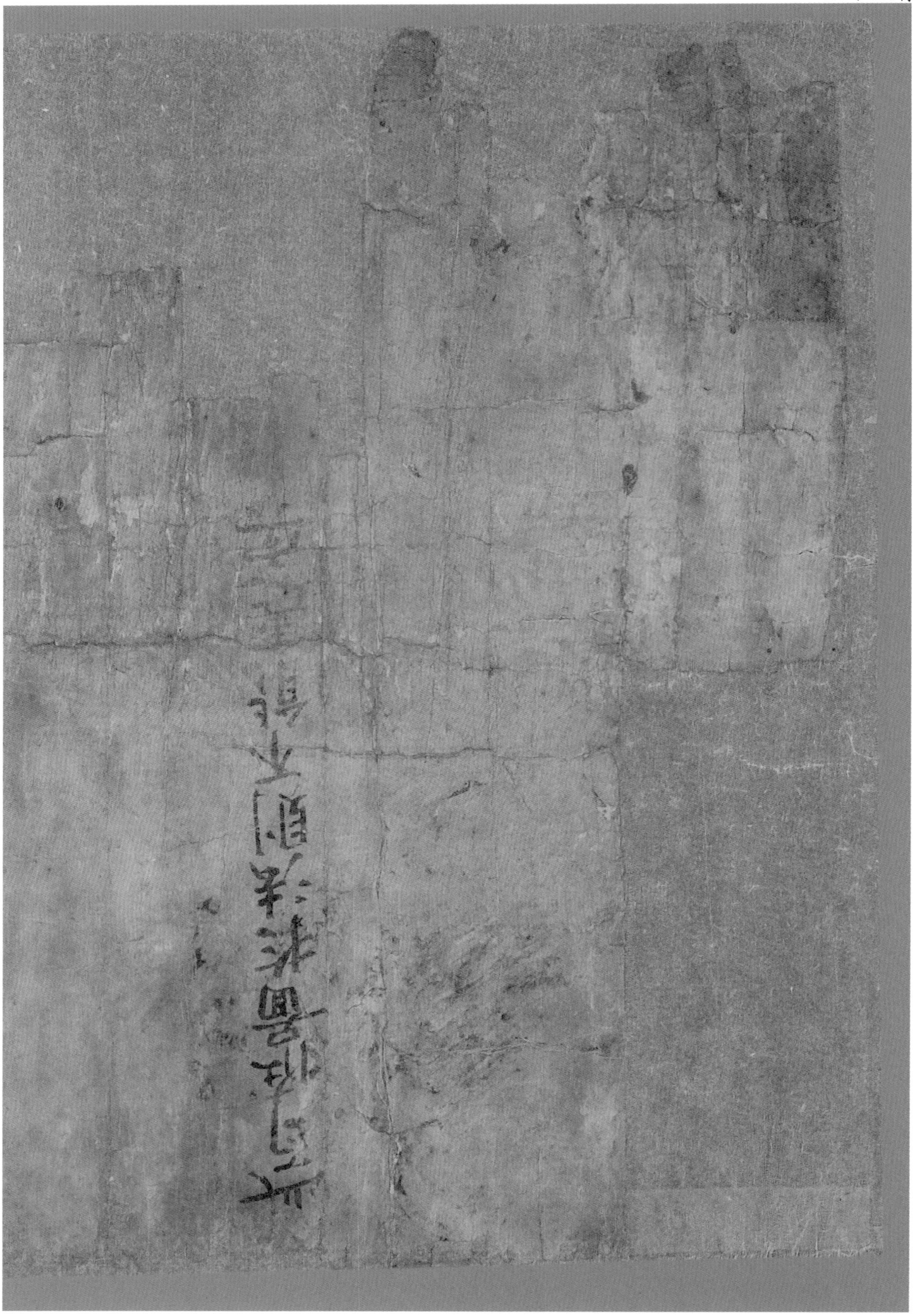

P.3106v

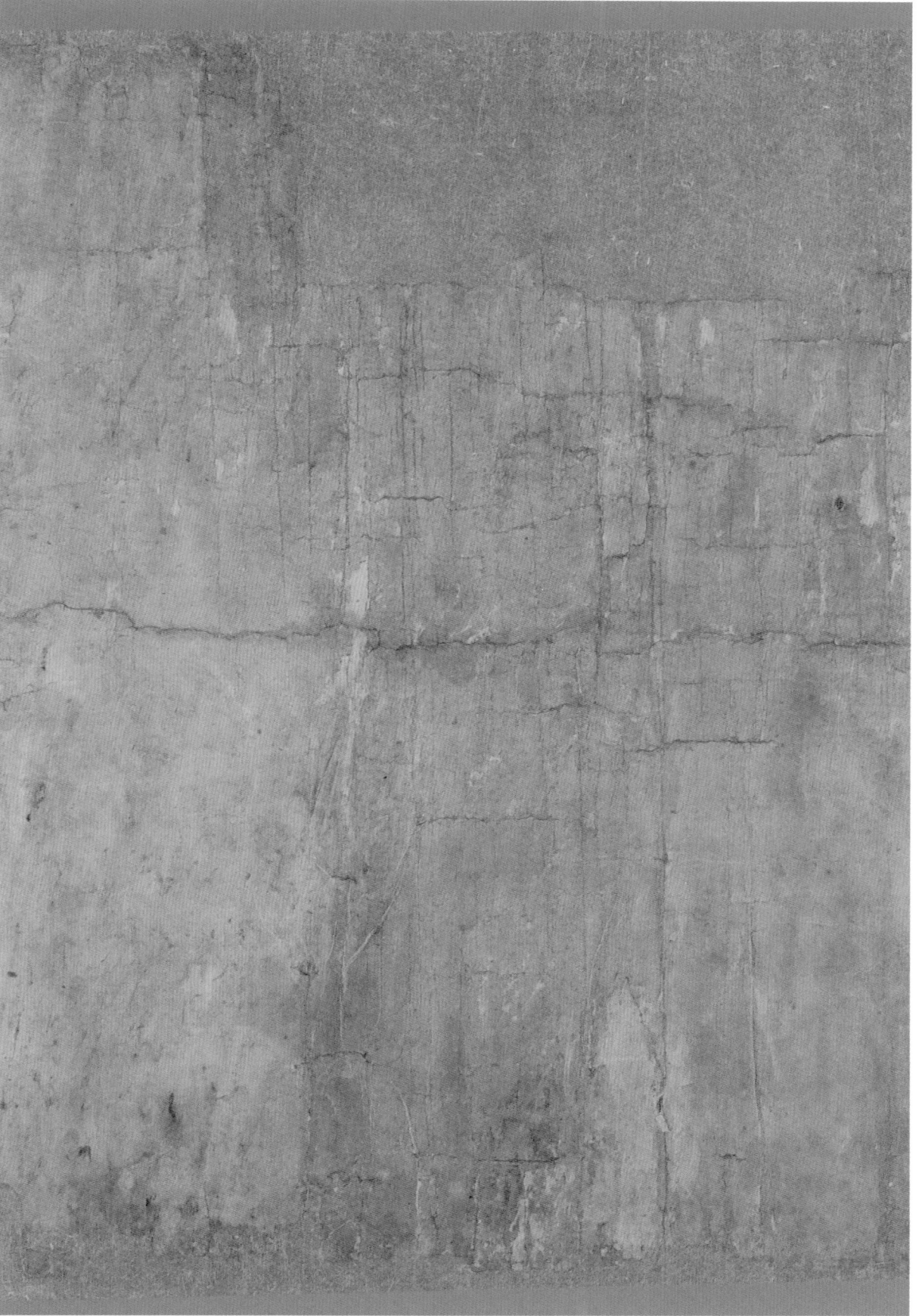

[illegible]才十九草木[illegible]
寧鎔鑠石之憂魚鼈爲人莫救焦爛之旱飛牲走獘
仰河漢而無徵瘞玉埋金祭靈山而莫遂青疇帶
葉暎鳳晒而消黃翠草咸晞莖章竟蘭皐而卷濕田
門徒問陰石空鞭巫廷非致雨之靈令畢宇無興雲
之驗四人惶懼乃然憂心對神宇而虔誠仰靈之豐旒
敬湘中石燕詎假鳳翔明星漢人之二被鶴立野無青
草井竭茲泉求若斗之皆莫渥土龍之首頓矯百姓攸
訴誠可矜暈宜且往軍處懇固請

2 1 16 15 14 13 12 11 10 9 8

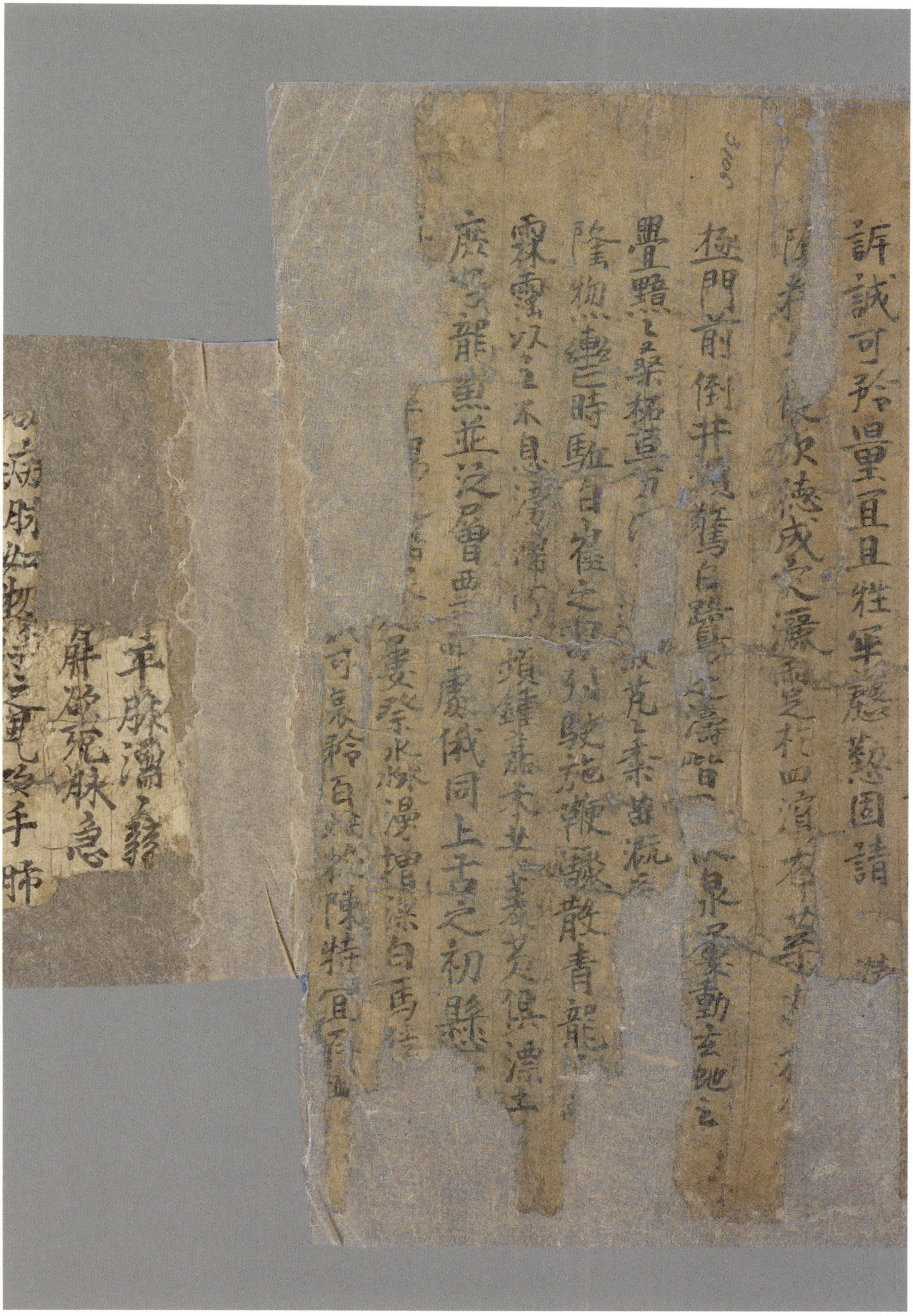

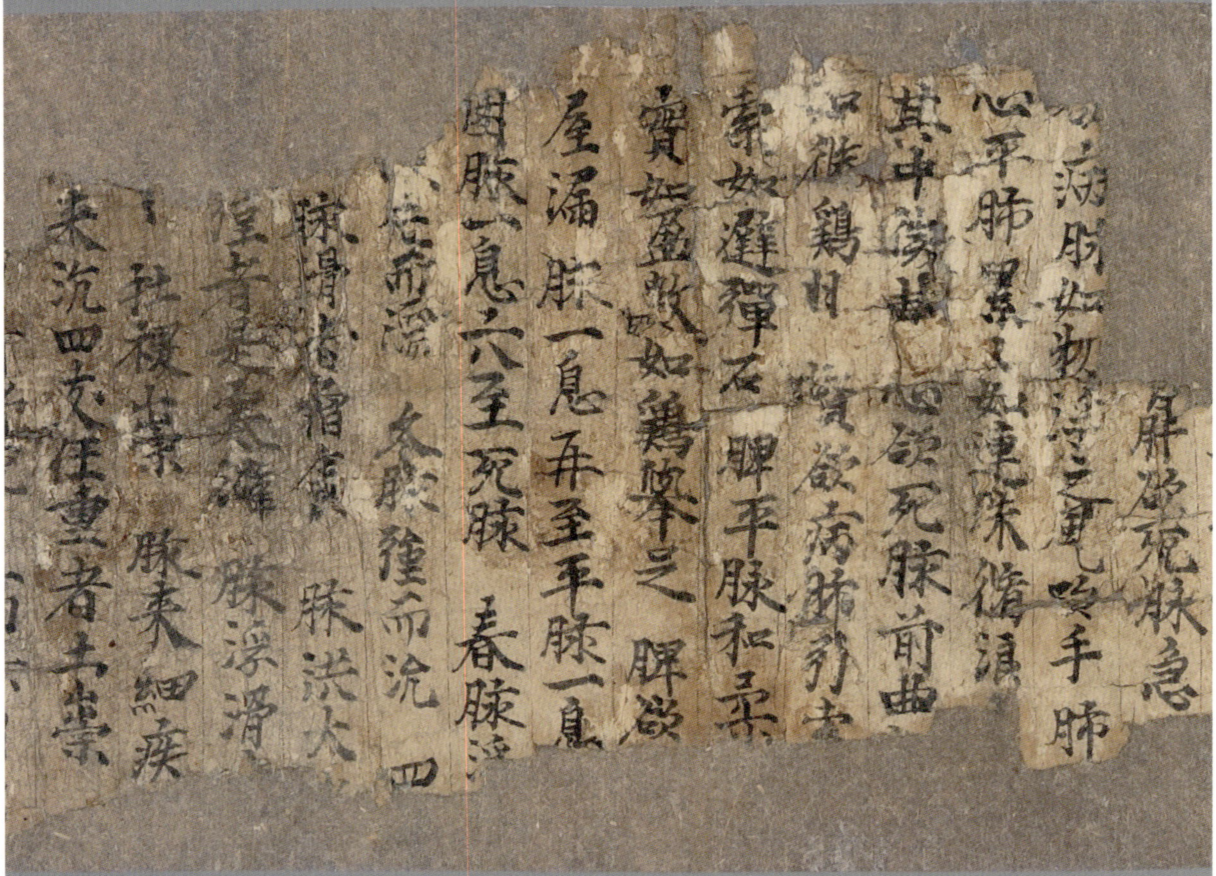

肝欲死脉急
[illegible]病脉如物[illegible]之[illegible]喉手肺
心平肺[illegible]如連珠循[illegible]
其中[illegible]　心欲死脉前曲
口微鷄目　[illegible]欲病脉[illegible]
[illegible]如避彈石　脾平脉和柔
實如盈數如鷄擧足　脾欲
屋漏　脉一息再至平脉一息
四脉一息六至死脉　春脉浮
[illegible]而濇　冬脉弦而沉　四
脉滑者[illegible]　脉洪大
[illegible]者[illegible]　脉浮滑
社稷[illegible]　脉來細疾
未沉四支[illegible]者土崇

P.3106v　脈經

其襟□□　脉來細疾

未沉四夜住盡者土棠

□目青者死　　面赤目白

卽鼻倚三尅　　賢絕者卽□

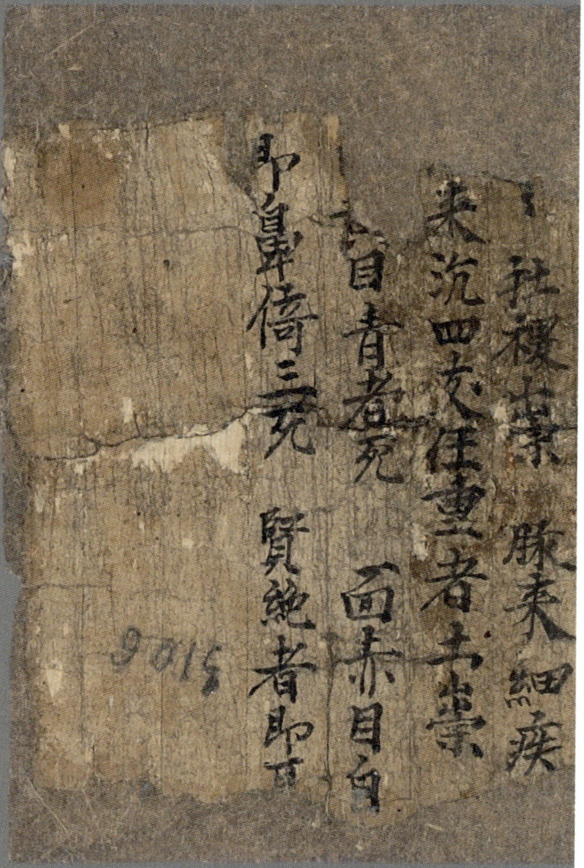

井竈上有水火災　犬嘷吠主身憂
愛遠行　犬嘷於門中憂死亡　犬
官事　犬嘷堂上長子凶　犬嘷如
屋憂婦女　犬嘷而即鳴忩凶　犬嘷向天忩家破　犬嘷墻下
吏召事　犬自食其子凶　凡犬嘷者不出三年忩家破不來吉三凶
占犬縮鼻為妖第某　子日縮鼻大喜一云憂長子　丑日憂婦女吉　寅日有喜
或憂別離　卯日有非來之子凶　辰日大凶吉　巳日客會事亦吉　午日有訟田宅
事　未日大吉利一云相傷　申日凶吉　酉日大吉一云鬼欲來　戌日有
犬來尿人門戶三日內有慶賀事　若尿人門戶不出者有
尿人井竈上有憂任身者得男　尿人竈　子死
有亂　犬生子似羊六畜死　惡鬼來入宅　犬將死鬼來入宅
犬遶猪內亂六畜死　犬尿人衣物有仇怨亦夫妻離別

戊逐豬内亂六畜死　戊尿人衣物有仇怨亦夫妻離別
中戶宜煞之取頭懸戶上即去　戊糞坐席上君子高遷利益
憂官事　戊臥床上口舌聚衆　戊恒嚀來必宜即煞之以向
吉　戊無故向人悲嚀辛憂喜三　戊糞不得其地堂中
至門中口舌鬬　糞倉庫有慶賀吉　甲乙日憂家長　丙丁
戊己日憂中子　庚辛日憂男子　壬癸日憂賤人堂前疾病
至　糞床上死憂家三大凶　凡厭犬恠用餅五十枚脯
塗四面各一祭之吉即說呪曰猶犬頻恠生死猶食殃
為善自作妖恠能起不良今當赦汝終不相連罪在亡
難取次煞之若復更為勑　恩念汝寧可再拜祭之若成財自
然放汝吾使大喜　後事事昌昌急急如律令　猶恠符
占音聲恠第廿七　凡是音聲之恠兵死之鬼　子日音聲憂病患
事宜書天文符戶上吉　丑日聲恠憂財物少子凶厭用桃木長六寸七

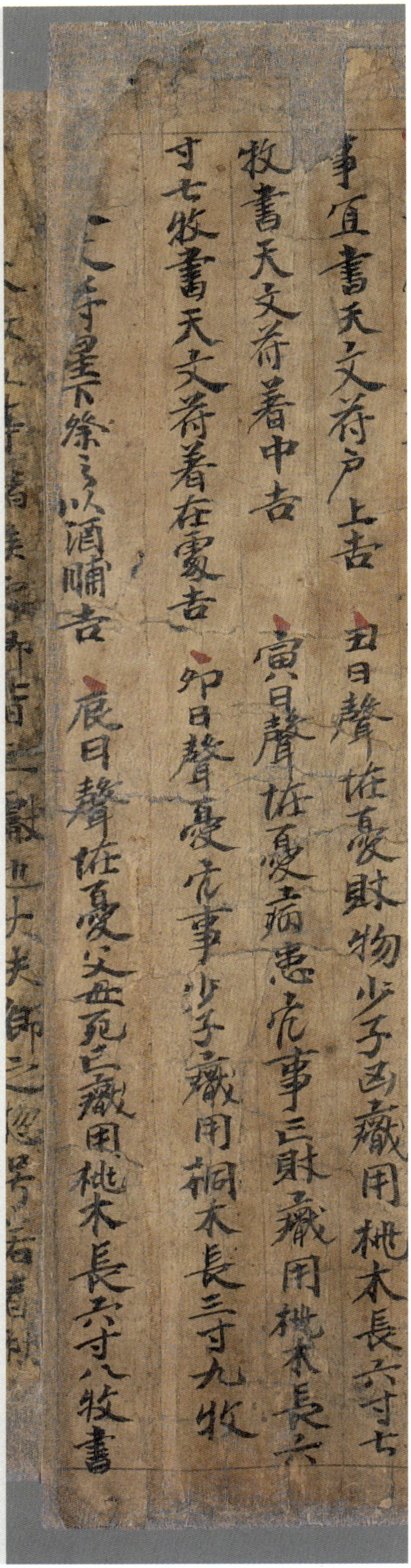

25 事宜書天文符戶上吉　丑日聲徵憂財物少子凶藏用桃木長六寸七

26 枚書天文符著中吉　寅日聲徵憂病患亡事三財藏用桃木長六

27 寸七枚書天文符著在處吉　卯日聲憂亡事少子藏用桐木長三寸九枚

28 二七寺星下祭之以酒脯吉　辰日聲徵憂父母死亡藏用桃木長六寸八枚書

英國圖書館藏敦煌本（S.6070）

禮記正義·郊特牲

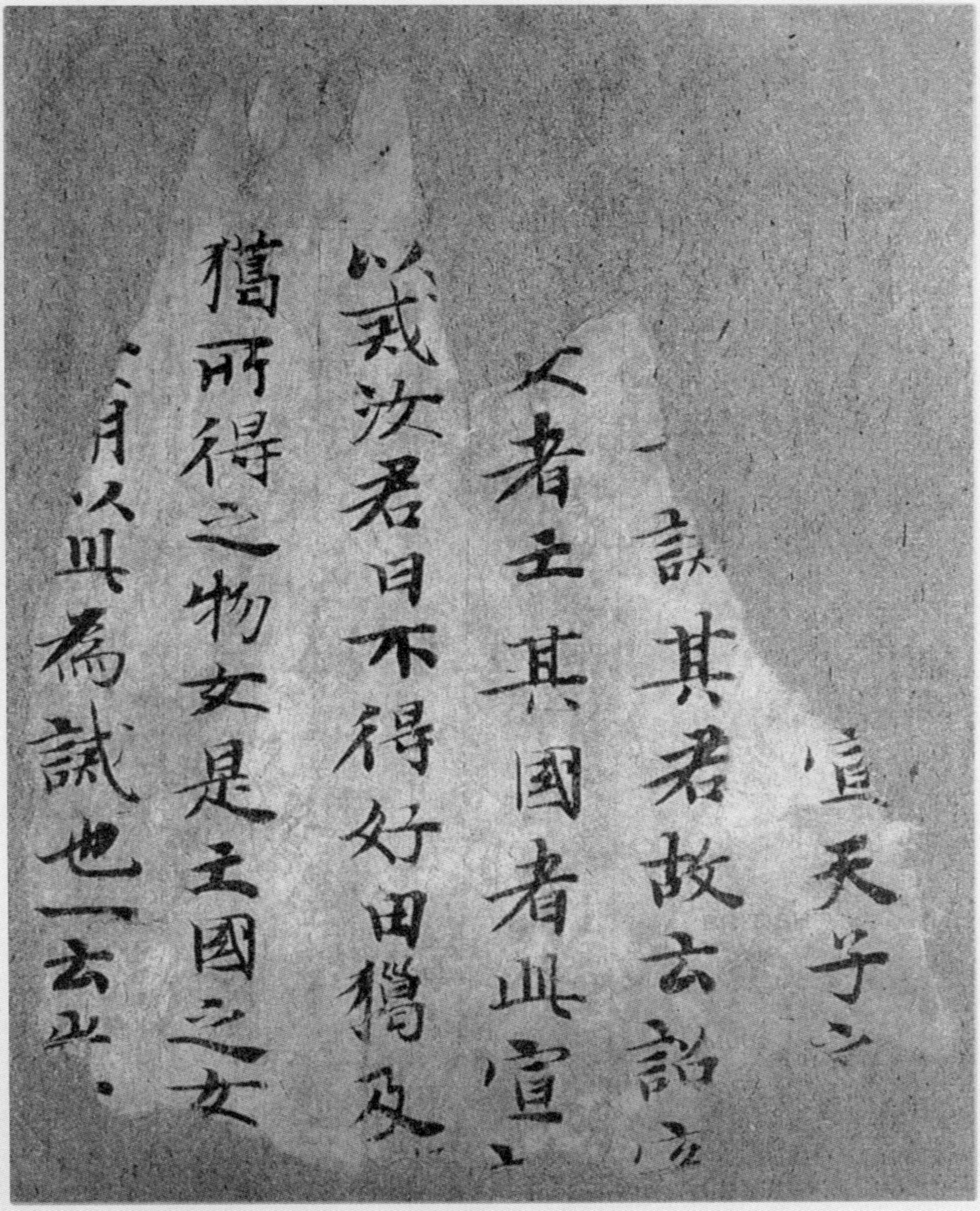
宣天子之
訣其君故云詔𢊁
人者主其國者此宣
戒汝君曰不得好田獵及
獵所得之物女是主國之女
月以此為誡也云云

英國圖書館藏吐魯番本（Or.8212/630r[Toy.044]）

尚書正義·吕刑

Or.8212/630r（Toy.044） 呂刑

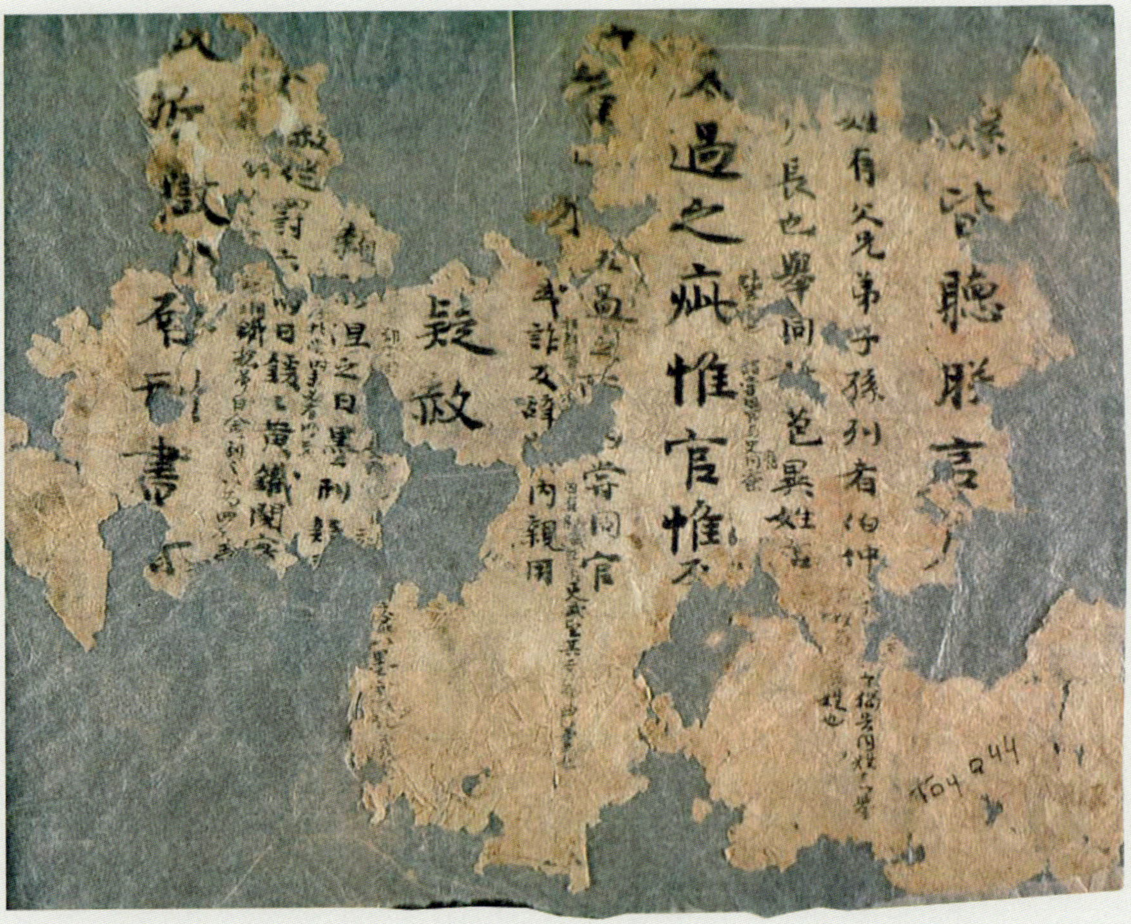

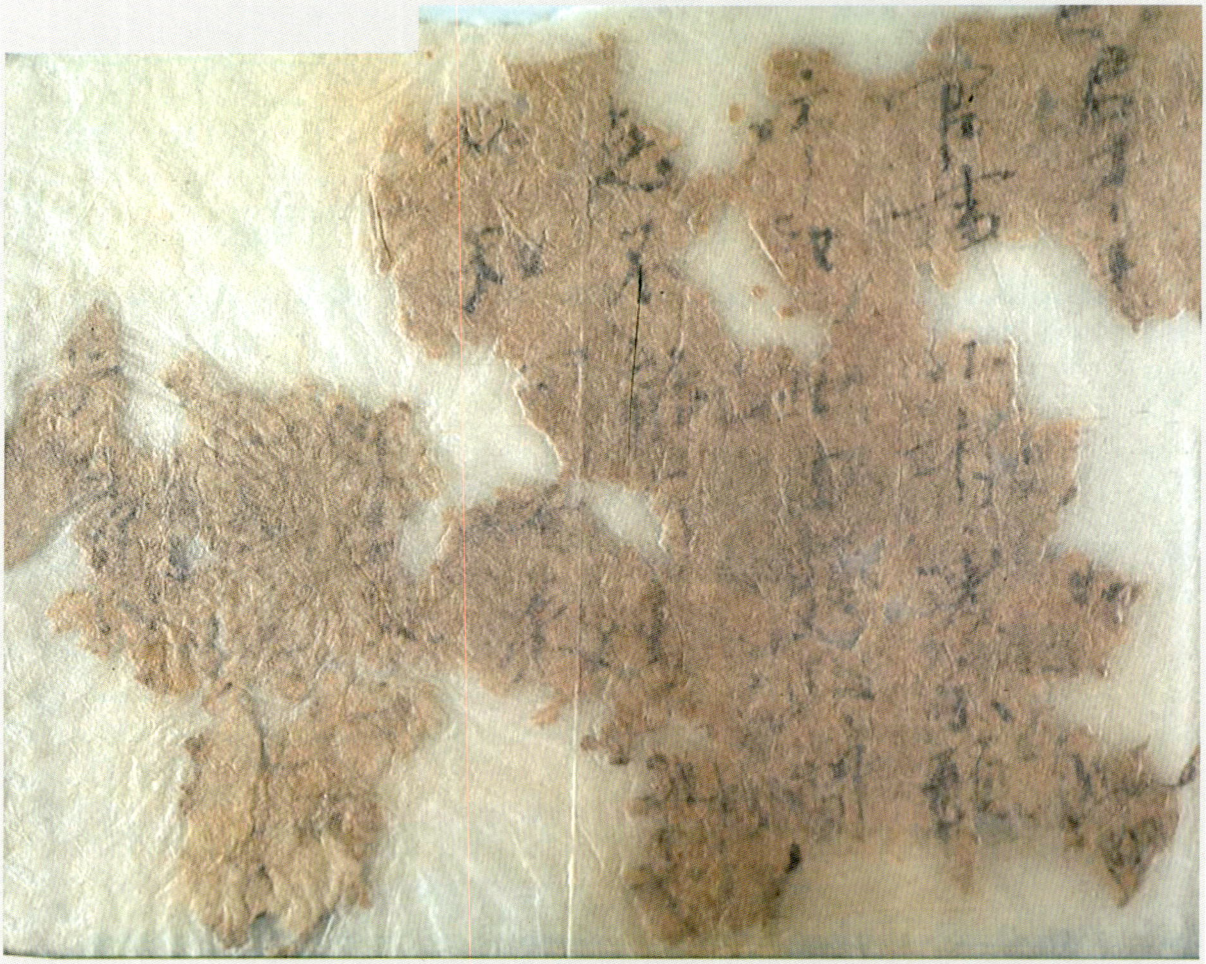

德國柏林藏吐魯番本

毛詩正義·谷風 式微

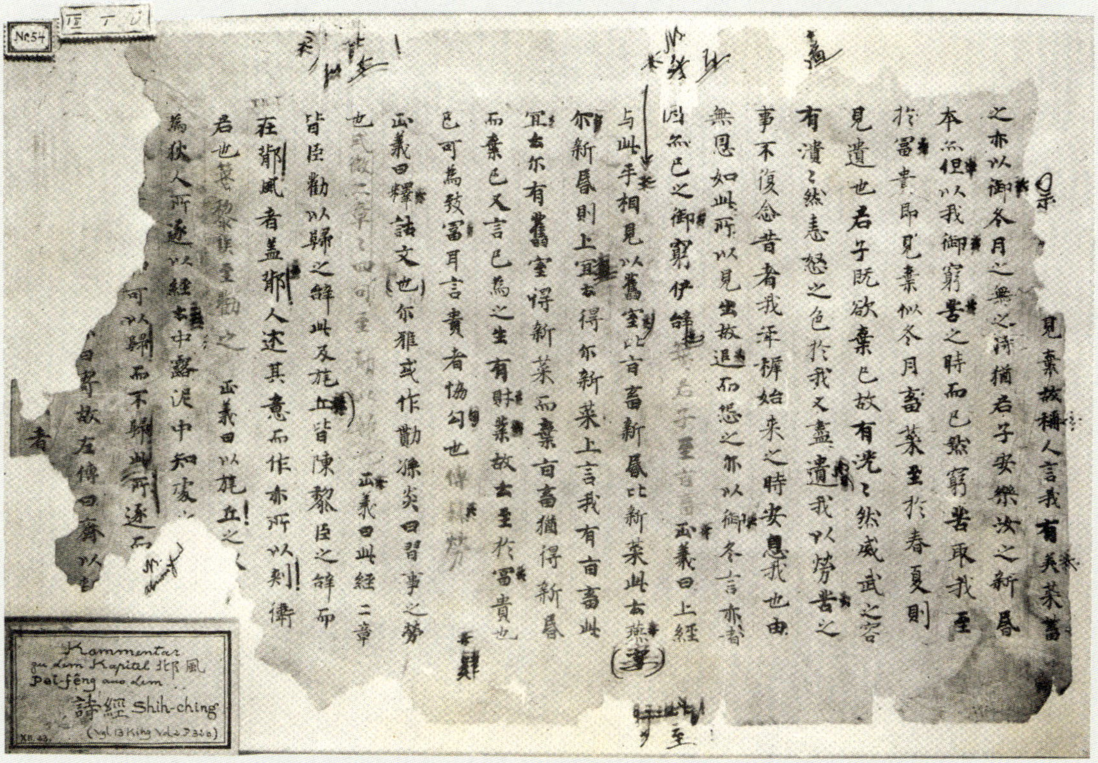
見棄故稱人言我有美菜蓄
之亦以御冬月之無之時猶君子安樂汝之新昏
本但以我御窮苦之時而已然窮苦取我至
於富貴即見棄似冬月蓄菜至於春夏則
見遺也君子既欲棄已故有洸洸然威武之容
有潰潰然恚怒之色於我又盡遺我以勞苦之
事不復念昔者我年稚始來之時安息我也由
無恩如此所以見出故退而怨之亦以御冬言亦者
因亦已之御窮伊餘　正義曰上經
与此手相見以舊室比旨畜新昏比新菜此去燕爾
爾新昏則上宜去得爾新菜上言我有旨蓄此
宜去爾有舊室得新菜而棄旨畜猶得新昏
而棄已又言已為之生有財業故去至於富貴也
已可為致富耳言貴者協句也
正義曰釋詁文也爾雅或作勩孫炎曰習事之勞
也式微二章章四句　正義曰此經二章
皆臣勸以歸之辭此及旄丘皆陳黎臣之辭而
在邶風者蓋邶人述其意而作亦所以刺衛
君也　正義曰以旄丘之
為狄人所逐以經言中露泥中知處
可以歸而不歸此所逐而
曰寄故左傳曰寄以
者

日本藏舊鈔本

毛詩正義·小戎 蒹葭

服馬脅也陰揜也横側車前所以蔭笭也靷所以引車也鋈沃

也治白金以沃灌靷環也續〻靷□□□也□扯環垂之環

正義曰此經所陳皆爲驂馬設之故箋申明毛傳出之入之意言所以

禁止驂馬也軜在軓前横木噗軓故知垂軜上謂陰板軜□也靷言

鋈續則是住環相接故云白金飾續靷之環　傳文茵至日

鋈續則是作環相接故云白金飾續靷之環　傳文茵至曰
馵　正義曰茵者車上之褥用皮為之言文茵則[illegible]有文綵故知
虎皮也劉熙釋名云文茵車中所坐也用虎皮有文綵是也暢訓為
長故為長轂言長於大車之轂也色之青黑者名為綦馬名為
騏知其色作綦文也釋畜云馬後右足白驤左馵樊光云後右
足白驤左足白馵然則左足白者謂後左足也釋畜又云膝上皆
白惟馵郭璞曰馬膝上皆白為惟馵後左腳白者直名馵意亦
同也　箋言我至五德　正義曰言我釋詁文騁義云君子比德於
玉焉溫潤而澤仁也縝密以栗智也廉而不劌義也垂之而隊禮

以下天理

【此缺約三十行】

皮之鞹其馬則有金鏤之膺胃其末田之時脩其折壞交暢
之中以竹為閉置於弓隈然後以繩約之然則甲兵弟胄器具
如是以此伐戎豈有不克者乎又言婦人閔其君子云我念
我之君子則有寢則有興之勞苦我此君子體性猒〻然安
靜之善人秩〻然有哲智其德音遠聞如此善人今乃又供軍
役故閔念之　傳俴駟至文貌　正義曰俴訓為淺駟是四馬是
用淺傳之金為四馬之甲故知淺駟四介馬也成二年左傳說齊
侯与晉戰云不介馬而馳之是戰馬皆被甲也孔甚釋言文也公
矛三隅矛刃有三角蓋相傳為然也曲礼曰進戈者前其鐏後

矛三隅矛刃有三角蓋相傳爲然也曲礼曰進戈者前其鐏後其刃進矛戟者前其鐓是矛之下端當有鐓也彼注云鋭底曰鐏（取其鐏）地平底曰鐓取其鐓地則鐓鐏異物言鐓鐏者取類相非訓爲鐏也上言龍盾是畫龍於盾則知此伐是畫物於伐故以蒙爲討羽謂畫雜鳥之羽以爲盾飾也夏官司兵掌五兵五盾

【此缺三行】

文蒙　箋伐至伐厖伐　正義曰箋申明伐馬爲異具之意正無深淺之量而謂之淺駟正謂以淺薄之金爲甲之札金厚則重知宜薄也金甲堅剛若其不和諧義其能甚群言和調也揔心不和則不得群聚故以和爲群也左傳及旄丘言狐裘蒙茸皆厖蒙同音周礼用牲用玉言厖者皆謂雜色故轉厖爲蒙明厖是雜羽畫雜之文於伐故曰厖伐故曰厖蒙爲討箋轉討厖皆以義言之無正訓也　傳底之虎至縢約　正義曰下句云交韔二弓則

虎韔是盛弓之物故知虎是虎皮韔爲弓室也弟子識曰執
箕膺萘則膺是匈也鏤膺謂膺上有鏤明是以金飾
帶故知膺是馬帶若今之婁匈也春官巾車職五路之飾
皆有樊纓注云樊讀如般革帶之鞶謂大帶者彼謂在腹
之帶与膺異也交二弓謂韔中謂顛到安置之既夕記說明
器之弓云有䪥注云䪥弓檠也弛則縛之於裏備頃傷也
以竹爲之引詩云竹閉緄縢然則竹閉一名䪥也音閉紲者說文

云紲繫也謂置數弓裏以繩紲之曰名數為紲考工記弓人注
云紲弓數也角長則送矢不疾若見紲於數是紲為繫名
也所紲之事即緄縢是也故云緄繩縢謂以繩約〻弓然後內
之韔中也　箋鏤膺有刻金飾　正義曰釋器說治器之名
云金謂之鏤故知鏤膺有刻金飾之巾車云金路樊纓九
就同姓以封則其車尊矣此說五車之飾得有金飾膺者周礼
玉路金路金路者以金玉飾車之諸末故以金玉為名不由膺以

金玉飾也故彼注玉路金路象路其樊及纓皆以五採罽飾之革路樊纓以條絲飾之不言馬帶用金玉象爲飾也此兵車馬帶用力尤多故用金爲膺飾取其堅牢金者銅鐵皆是不用必要黃金也且詩言金路皆云鉤膺不作鏤膺此鏤膺非金路也　傳厭厭至有知　正義曰釋訓云厭厭安也秩秩智也　蒹葭三章章八句至國焉　正義曰作蒹葭詩者襄

【此缺三行】

之草蒼蒼然雖盛而未堪家用必待白露凝戾爲霜然後堅
實中用爲事得成以興秦國之民雖衆而未順德教必待周禮
以教之然後服從上命國乃得興今襄公未能用周禮其國未得
興也由未能周禮故得未人所謂維是得人之道乃遠在大水一
邊大水喻禮樂言得人之道乃在禮樂之樂皐邊既以水喻禮樂禮樂
之傍有得之道回從水內求之若逆流遡洄而往從之則道阻險且
長遠不可得至言逆禮以治國則得人之道終不可至若須流遡

游而往從之則菀然在於水中央言順礼治國則得人之道自來
卬己近在礼樂之內然則非礼必不得人心不能固國君何以不
求用周礼乎　鄭以為蒹葭在衆草之中蒼蒼然彊盛雖
似不可凋傷至白露凝戾為霜則成而黃矣以興衆臣之
彊者不從襄公教令雖似不可屈服若得周礼以教則衆臣
自然服矣故欲求周礼當得知周礼之人所謂是周礼之人在
於何處在大水之一邊假喻以段言遠近言礼之在一邊以因下

行爲喻若遡洄逆流而從之則道阻長終不可見言不以敬
順求之則此人不可得之若遡於順流而從之則此人宛然在
水中央易可得見言以敬順求之則此人易得何則賢者難
進而易退故不以敬順求之則不可得欲令襄公敬順求知
礼之賢人以教其國也　傳蒹葭至後興　正義曰蒹蒹葭
蘆釋草文郭璞曰蒹似萑而細高數尺蘆葦也陸機疏云

薕水草也賢堅實牛食之令牛肥強青徐人謂之薕兗州
以謂之蒹通語也祭義說養蠶之法云風戾以食之注云使
露氣燥乃食蠶然則戾為燥之義下章未晞謂露未乾
為霜然則露凝為霜亦如乾燥然故云凝戾為霜棎下章之意
以為說也八月白露節秋分中九月寒露節霜降中白露凝戾
為霜然後歲事成謂八月九月葭成葦可以為曲薄充歲事也七
月云八月萑葦則八月葦已成此云白露為霜然後歲事成者

續前

【此缺四行】

能用周礼將無以固其國當謂民未能固故易傳惟用固民爲（旁注：正國未能）
民則服之　傳伊維至維亡　正義曰伊維釋詁
未能用礼未得人心則所謂維人所謂維是得
但喻達礼思遊喻順礼則以水喻礼言水内有
喻其遠而難至言得人之道在礼樂之傍須有木
句言從水内以求所求之物喻用礼以求得人之道故

之道乃在水之一方難至矣水以喻礼樂能用礼

箋云伊當至言遠　正義曰箋以上句言用周礼教民

勸君求賢人使之用礼故易傳以所謂伊人所謂是知

在水一邊假喻以言遠故下句逆流順流喻敬順不敬順之曰逆求

下云在湄在涘是其居水傍也　傳曰逆洄流至以至

而上曰泝洄順流而下曰泝游孫炎曰逆度者

【此缺三行】

94 水内故言順礼未涇道来迎之未涇謂未受水也以

95 以未濟言之殘以伊人爲知礼之人故易

96 傳順礼未濟道来迎之　正義曰定之大

97 傳晞乾也　正義曰湛露云非陽不晞

98 也彼言露晞謂露盡物乾此篇上

99 謂未乾爲霜与彼異故箋云未晞未爲霜

100 正義曰釋水云水草交爲湄謂水草交際之

101 厓隒之是山岸湄是水岸故云水隒

102 曰渚小渚曰沚小沚曰坻

103 也小大異也箸陽知文

俄羅斯科學院東方學研究所聖彼得堡分所藏

敦煌本（Дх.09322）毛詩正義·思齊

1 □山在宮在廟爲下事

2 孝何者祭祀養孝

3 以教諸侯之孝養三

4 □之廟□

英國圖書館藏敦煌本（S.498）

毛詩正義·民勞

民□之傳柔安

□義曰釋詁文是能[illegible]正義曰尚書毋逸云柔遠

能迩注以能為恣則此言伽者与恣同謂順適其意

也尔迩釋詁文安遠方之国當先順伽其迩者即論語

所謂悅迩来遠是也此与上文相成能迩謂恵中国柔

遠即綏四方也厲王身為王矣而主以定我王故知以定我

周家為王之功若廣論天下之事雖則異姓可以稱我

今指言王身而又稱我是共王有周家之辞故去我者同姓

親　毛以為今周人亦皆罷勞止而又危耳近

於死亡王可以小安之當愛此中畿之國以為諸夏之人使得

於死亡王可以小安之當愛此中畿之國以為諸夏之人使得
會聚王若施善政當糺察有罪無得縱此人詭之善隨人
之惡者以此勑慎讙譁為大惡者又用此無縱之事止其寇
虐之害無使有遭此寇虐之憂又誘王言其始時有善勸
令終之無弃尒王始時勤政事之功以為王政之美
鄭唯汔幾為異餘同　正義曰釋詁云休
息也定心也息亦定之義故以休為定述合釋詁文箋以
休之為定於義雖通而未是正訓故以休為止息合為
合聚所以申足毛義　正義曰惛怓者
其人好鄙争惛惛而怓怓然故箋以為猶讙譁謂好争
訟者是其言語無節大聒亂人故云大亂非是大為

其人好鄙争惛惛而恔恔然故箋以為猶讙譁謂好争
訟者是其言語無節大聒亂人故云大亂非是大為
禍亂也傳使美　正義曰釋詁文箋勞猶乘之
正義曰勞力然後有功故云勞猶功也知汝勞為汝始時勤
政事之功者以言無弃明其先有而不弃也厲王暴虐
初則然矣而述其始有功者謗㧫之耳謗㧫之言出衛門
之序謂謗讟而扶㧫之以小人貪功聞已先有善政將
勉力故謗之人亦至知文　毛以為人亦罷勞止又危耳
可以止息之先憂此中國之京師使諸夏之人其憂寫洩
而去又當無縱詭隨之人以此勅慎衆為危殆之行者又用
此心寂虐之害無使王之政道敗壞也所以須然者在王之

而去又當無縱詭隨之人以此勑慎衆爲危殆之行者又用

此以寂虐之害無使王之政道敗壞也所以須然者在王之

大位者雖小子而用事甚大夫不可不慎故須息勞人而止

寂虐也　鄭以汔爲幾厲爲惡式汝弘爲廣

爲異餘同傳愒息泄去　正義曰愒息釋詁文說文云洩

漏也然則洩者閉物漏去之名故以爲去箋以爲憂洩者

是憂氣在腹而發出故去出也發也其意亦与毛同月令

去是謂洩天地之氣是發出之義也傳醜衆厲危

正義曰醜衆釋詁文易之言厲

厲之頃皆是

東京國立博物館藏舊鈔本

毛詩正義·韓奕 江漢

田畝收斂是賦使知古常也

本亦作音毗白狐也一名執夷草木疏云似虎或似白熊遼東人謂之白羆

獻其貔貔猛獸也

皮赤豹黃羆追貊之國來貢而侯伯摠領也

亦為厲王也若是宣王之主當如上篇言王之元舅不宜別言王號故以宣〻王〻之前唯厲王耳顧之曲顧道義以君子不忘顧視而言韓侯顧之則於禮當顧故云曲顧道義也謂既受女揖以出門及升車授綏之時當曲顧以道引其妻之礼義於是之時則有曲顧也本或曲為回者誤

韓奕六章〻十二句

蹶父至燕譽　此言韓侯得妻之由言蹶父之為人也甚武健本為使於天下無一國而不到言為王聘使遍於天下於使之時即有嫁女之志為此韓侯之夫人姞氏者視其可居之處無有如韓國之最樂者甚樂矣此韓國之土地川水藪澤甚訏〻然而寬大其水則有魴鱮之魚甫〻然肥大藪澤則有麀〻之獸噳〻然而衆多其山藪又有熊有羆有貓有虎言其

大藪澤則有麀〻之歎麌〻然而衆多其山藪又有熊有羆有猫有虎言其
庶物皆甚饒是宜樂也蹶父見如此於是善之既善其國即令其女居之韓姞
嫁之於韓也韓侯之夫人姞氏則心樂而安處之以盡其婦道於韓而有榮顯之譽
也姞蹶父姓婦人稱姓令以姓配夫之國謂之韓姞故知姞蹶甫之姓也
溥彼至黃羆此言韓侯既受賜歸國行政之事也可美大矣彼韓國所居之城乃於古昔
平安之時天下衆人之所築皃言其城有之已久也宣王以此韓侯之先祖嘗受王命為
一州侯伯既治州内之國又因使之時節百蠻之國其有貢獻往来為之節度也以
韓侯先祖如此故令王賜韓侯北方有其追貊之表狄亦令時節之也使之撫安其
所受王畿北面之國因以其先祖為侯伯之事而盡与之言韓侯之賢能復先祖舊
職也既為侯伯以時百蠻韓侯於是令其州内所有絶滅之國高築是城濬深是
壑正是田畝定是税藉皆使之田畝復於故常又令百蠻追貊獻其貔獸之皮及赤
豹黃羆之皮韓侯依舊法而總領之美韓侯之賢而王命得人也溥大釋詁文
此言溥猶生民之言誕故云大美為歎美之詞燕安燕礼所以安賔故云安也韓之先祖
武王之子知者僖廿四年左傳云邗晉應韓武之穆是也因時百蠻長蠻服之百國
本立侯伯當理州内因主外夷故云因也時百蠻者与百蠻為時節是為之宗長以總

本立侯伯〻理州内曰主外夷故云因也時百蠻者与百蠻為時節是為之宗長以揔
領之故云長是蠻服之百國也四夷之名南蠻北狄散則可以相通故北夷亦稱蠻
也周礼要服六曰蠻服謂第六服也言蠻服謂蠻夷之在服中於周礼則夷服鎮服
非周之蠻服也何則周礼蠻服由在九州之内自當州牧主之非復時節而已且不得
言因此言因時則非州内故知於周礼為夷鎮之服即大行人所云九州之外謂之蕃
國是也谷䌛讃云外數四海咸建五長下曲礼云其在東夷北狄西戎南蠻雖大曰
子注云謂九州之外長天子亦選其賢者以為之子〻猶牧也然則蠻夷之内自有長牧
以領之而此又言中國之侯伯長之者夷中雖自有長而國在九州之外来則由於中
國其時節早晩執贄多少之冝皆請於所近州牧由之而後至京以非專屬故云
因時以其統之故稱長也追貊是夷名而追与之連文故知亦是戎狄此追貊是二種
之大名耳其種非止一國亦是百蠻之大揔也奄受謂撫柔之也王畿北面之國夏官職方
氏正北曰并州當是并州牧也為獫狁所逼稍東遷秋官貊隸注云征東夷所獲是貊
者東夷之種而分居於北故於此之時貊為韓侯所統魯頌云淮夷蠻貊莫不率
從是僖公之時貊近魯也至於漢初其種皆在東北於并州之北無復貊種故辯之
江漢此詩尹吉甫所作以美宣王也以宣王
承厲王衰乱之後能興起此衰撥治此

江漢尹吉甫美宣王
也能興衰撥亂命召
公平淮夷　召公召穆公也
吐刀
江漢浮々武夫滔々
匪安匪游淮夷來求
音普　浮々衆彊貌也滔々廣
下孟　大貌也淮夷東國在淮
子匠　浦閒而夷行者箋云匪
所類　非也江漢之水合而東
如字本亦　流浮々然宣王於是水

承厲王衰乱之後能興起此衰撥治此
亂於時淮水之上有夷不服王命其臣召
公爲將使將兵而往平定淮夷故美之淮
夷不服是衰亂之事命將平定是興撥
之也此實平定淮夷耳而云興衰撥亂
者見宣王之所興撥非獨淮夷而已故言
興撥以揔之
江漢至來鋪　宣王之時淮夷背叛王於是
至江漢之水浮々然合流衆彊之處親
自命其將率勇武之夫滔々然多而廣
大者令之順此東流以行征伐武夫既受王命
急趍其事也行非敢斯須自安非敢斯須
遊止所以不敢安遊者言已本爲淮夷來
求討伐之故也既至淮夷之境克期將戰至
於朝日此武夫既已陳出戎征伐之戎車既

如字本亦作順流
流浮浮然宣王於是水
上命將帥遣士衆使循
于僞反下
流而下滔滔然其順王
主爲同
命而行非敢斯須自安
音境本亦作犢下同
也非敢斯須止游也主
爲來求淮夷所處據至
竟故言**既出我車既**
來也
設我旟匪安匪舒淮
鋪病也箋云車詁文彼作痡音同
戎車也鳥隼曰
夷來鋪春官司常文　普吳反　徐音孚
旟兵至境而期戰地其曰
出戎車建旟又不自安不
舒行主爲來伐淮夷也據

於期日此武夫既已陳出我征伐之戎車既
已張設我將率之旌旟以往對戰又非敢
自安敢寛舒所以不敢安舒者以已主爲
淮夷而來當討而病之故也言其肅將王
命所以克勝也浮浮衆彊貌以其合而東流
是水之衆而彊大也
滔滔廣大貌下云武夫洸洸爲武貌則此言
滔滔廣大者亦謂武夫之多大淮夷在東
國而夷行禹貢道淮自桐栢東入于海其
傍之國不盡爲夷故辯之云淮夷東國在
淮之涯浦而爲東夷之行者也知在東國者
禹貢徐州云淮夷蠙珠則淮夷在徐州也春秋
時淮夷病杞齊桓公東會於淮以謀之左傳
謂之東略是淮夷在東國也
漢水合而東流禹貢嶓冢道漾東流爲漢

舒行主為來伐誰尭也據
至戰地故又言來也
書羊 音光
江漢湯武夫洸洸
經營四方告成于王
卄又
洸〻武貌也箋云召公既
張戀反
受命伐淮夷服之復經營
以車曰傳
四方之叛國從而伐之克
其據反
勝則使傳遽告功於王也
以馬曰遽
四方既平王國庶定
爭鬬之爭
時靡有爭王心載寧
箋云庶幸時是也載之言

漢水合而東流 禹貢嶓冢道漾東流為漢
又東流為滄浪之水過三澨入于大別南入於
江是至大別之南漢与江合而東流也漢書
地理志大別在廬江安豐縣界則江漢合
處在揚州境也宣王不於京師命之而於
江漢之上者蓋別有巡省或親送〻彼
也 順流而下 以水東流兵亦東下故云順流
而下非乘舟浮水而下滔〻武貌非水貌也
淮在江北相去絕遠夷在淮上兵當適淮
而云順流下者命將在江漢之上蓋今廬
江左右江自廬江郡東北而流故順之而行將
至淮夷乃北行向之也如此則召公伐淮夷當
在淮水之南魯公所伐淮夷應在淮北當
淮之南北皆有夷也
江漢至載寧 上章既言臨戰此又本其命

箋云庶幸時是也載之言則也召公忠臣順於王命此述其志也

音虎況 又音許

江漢之滸王命召虎

居良反注及下同

式辟四方徹我疆土

音救

匪疚匪棘王國來極

召虎召穆公也箋云滸水(水之)崖也式法疚(詁之)病棘急(言之)極中也王於江漢之水上命召公使以王命行伐開辟四

一本作王法　征伐　操七月反　一本無兵　字又一本

傳而遽疾也

江漢至載寧　上章既言臨戰此又本其命已而言戰勝之事言王初於江漢之水湯湯然流盛之處命此勇武將率之夫洸洸然武壯者使之征伐令既伐淮夷而克之又以戰勝之威經營於四方之國有不服者則從而伐之每有所克則使傳遽之驛告其成功於宣王也召公既遣人告又自言其事令四方既已平服王之國內幸應安定時既無有較疾乖爭者我王之心於是則安寧矣言王以四方不服故遣已出伐令王國既定心冀王永安是召公盡忠之言故述其志也

傳遽　王肅云士曰傳遽之臣注云傳遽以車馬給使者也若今乘驛遞

操七刀反　一本無兵字又一本兵操作急　躁七早反　敕間

公使以王命行伐開辟四方治我竟界於天下非可以兵病害之也非可以兵操切之也使來於王國受政教之中正而已齊桓公經陳鄭之間及伐北戎則違此言也

于疆

箋云丁往于於

于理至于南海

也召公有於叙庚之國則往正其竟界脩其分理周行四方至于南海而切大成事終也

王命召虎来旬来宣

毛如字鄭音貴注同

傳而遠疾也

江漢至南海既言淮夷平定此又本其命辭言王在江漢之水涯王親命召虎云汝當以王法開闢其四方之國言有叛戾者皆征之使服又當治我疆界之土令之脩理土田使遍達四境其為之也當優寬以礼所經之處非可以兵病害之所与戰者非可以兵急操切之但以正道伐之使於我王國來服從受其政教之中而已召公既受此命已定淮夷復平叛戾之國往正其疆界脩其分理周行四方至於南海言其切成事終稱王之命也非可以兵病害之謂所過之處不得厚斂貨財使人困病也非可以兵躁切之謂所与對戰不得多殺傷害人命也齊桓公經陳鄭之間及伐北戎則違此言

同

毛音巡又作荀鄭作營

戶但反又音寒

文武受命召公維翰

音遍

旬徧也召公康公也。箋

云來勤也（詁文）旬當作營宣（言文）徧

下同

也召康公名奭召虎之

音釋

始祖也王命召虎女勤於

經營四方女勤勞於徧疆

理衆國昔文王武王受命

于僞反下為虎為其同

召公為之楨榦之臣以正

天下為虎之勤勞故述其

祖考之功以勸也

無曰余小子

音訛

召公是似肇敏戎公

也齊桓公經陳鄭之間及伐北戎則違此言

傳四年左傳稱齊桓公率諸侯伐楚既與齊

盟齊將還師陳轅濤塗謂鄭申侯曰師

出於陳鄭之間國必甚病若出於東方觀

兵於東夷循海而歸其可申侯曰善濤塗

以告齊侯許之後知其詐而執之其意以齊

侯所經之處多有徵發陳鄭二國當其

過道去既過之來又過之則人將由病故欲

詐之使出於東方是齊桓之兵病害人也

莊卅年齊人伐北戎公羊傳曰齊侯也其稱

人何貶曷為貶之司馬子曰蓋以躁之為已

感也何休云躁迫甚也感痛也蓋戰迫之

而甚痛其意言齊桓殺傷過多甚可

痛感是齊桓以兵急躁之也王命至介祉毛以

為王以召公功成將欲賞之此陳其命之之

召公是似肇敏戎公

音恥　用錫尒祉　似嗣肇謀敏疾戎大公事（詁文）也箋云戎猶女也女無自滅損曰我小子耳女之所為嗣女祖召康公之功今謀女之事乃有敏德我用是故將賜女福慶也王為虎志大謙故進之云尒

（音來）

力之反沈又音賚　釐尒圭瓚秬鬯一卣　釐賜也秬黑黍也鬯〻草也築煮合而鬱之曰鬯卣器也九命錫圭瓚秬鬯之文

才早　音巨　勑亮　音酉又音由本或作攸

告于文人

為王以召公功成將欲賞之此陳其命之〻言王乃命召虎曰汝勤勞於遍服四方勤勞於宣揚王命言其功實大成已知其困也又勸之云昔我先王文王武王受命之時汝之先君召康公維為之楨幹之臣以匡於天下汝亦當繼康公之業不憚勞也而召公謙退不敢自同先君王又進之云汝無得言曰我小子耳汝之所為者乃召公之功是嗣言其堪繼康公也今我謀汝敏德大事足繼先君我用是之故當賜汝以福慶也　鄭唯以旬為營宣為遍戎為汝為異餘同（旬遍）釋詁文彼旬作徇音義同毛既以旬為遍則宣不復為遍當謂宣布王命也

（釐尒至百升）上言用錫尒祉此言賜之〻事言

本或作錫
之山川土，
田附庸是，
曰魯言
之妄加

器也九命錫圭瓚秬鬯文
人文德之人也箋云秬鬯
黒黍酒也謂鬯者芬香
條鬯也王賜召虎以鬯酒
一尊使以祭其宗廟告其
先祖諸有德
美見記也錫山土田
于周受命自召祖命
諸侯有大功德則賜之名
山土田附庸箋云周岐周
也自用也宣王欲尊顯召
虎故如岐周使召虎受山
川與土田之賜用其祖召
康公受封之礼岐周〻之所

釐尔至万年上言用錫尔祉此言賜之〻事言
王命召虎云今賜汝以圭柄之玉瓚又副以
秬米之酒芬香條鬯者一卣樽汝當受之
以告祭於先祖有文德之人王之命辞如此
於此之時又賜之山川使得專為其有
又加益以土田令之大於故時也召虎於時
往於岐周之地受王此命王乃用召虎之祖
康公受命之礼以命之也虎既拜而稽首
稱言使天子得万年之壽臣受君恩無以
報荅故頌君長壽而已鬯〻草也礼有
鬱鬯者築鬱金草而煑之以和秬黍
之酒使之芬香條暢故謂之鬱鬯〻非
草名而此傳言鬯草者亦謂鬱爲暢
草何者礼緯有秬鬯之草中〻候有鬯
草生郊皆謂鬱金之草也以其可和秬

康公受封之禮岐周〻之所
起為其先王之
靈故就之也　虎拜稽首
天子萬年　箋云拜稽首者受王命策
書也臣受恩無可以報
謝者稱言使君壽考
許虬
虎拜稽首對揚王休
作召公考天子萬壽
音問
明明天子令聞不已
矢其文德洽此四國

草生郊皆謂鬱金之草也以其可和秬
鬯故謂之鬯毛言鬯草蓋亦然也言築
煑合而鬱之謂築此鬱草又煑之乃
与秬黍之酒合和而鬱積之使氣味相入
乃名曰鬯言合鬱積之非草名如毛此意
言秬鬯者必和鬱乃名鬯未和不為鬯与
鄭異　卣器也　釋器卣中樽故云卣器也案
春官鬱人掌和鬯以實彝而陳之則鬯當
在彝而此及尚書左傳皆云秬鬯一卣者當祭
時在彝未祭則在卣也　秬鬯黑黍酒也謂
之鬯者芬香條鬯也　以毛解秬鬯其言不明以
鬯和鬱乃名為鬯故辨之明黑黍之酒自
名為鬯不得和鬱也春官鬯人注云秬鬯
不和鬱是黑黍之酒即名鬯也和者以鬯人
掌秬鬯鬱人掌和鬯明鬯人所掌未和

矢其文德洽此四國

如字尔疋作施式是反

對遂考敭天施也箋云對
荅休美作為也虎既拜而
荅王策命之辭稱揚王之
德美君臣之言宜相成也
王命召虎用召祖命故對
王亦為召康公受成王命
之時對成王命之辭謂如
其所言也如其所言者天
子萬壽〻
下是也

江漢六章章八句

江漢六章章八句

神歌抄

寧秬鬯鬱人掌和鬯〻人所掌未和
鬱也鬱是草名今之鬱金煑以和酒者
也鬯是酒名以黑黍一秠二米作之芬香條
鬯故名曰鬯〻非草之名古今書傳香草
無名鬯者箋說長

虎拜至四國　毛以為上既受賜令復謝之言
虎拜而稽首遂稱揚王之德美乃作其先
祖召公對王命成事之辞曰使天子得万年
之壽又令此明〻顯〻歲之天子其善聲聞
長見稱誦不復有已止之時又施布其文辭
天地文德以和洽於此天下四方之國使皆蒙
德本召公之荅天子其詞如此〻王以康公
荅王之辭荅宣王也　鄭惟對荅為異
餘同對遂〻者因事之詞言君既命之臣遂稱
之對荅〻語宜為應荅故以對為荅

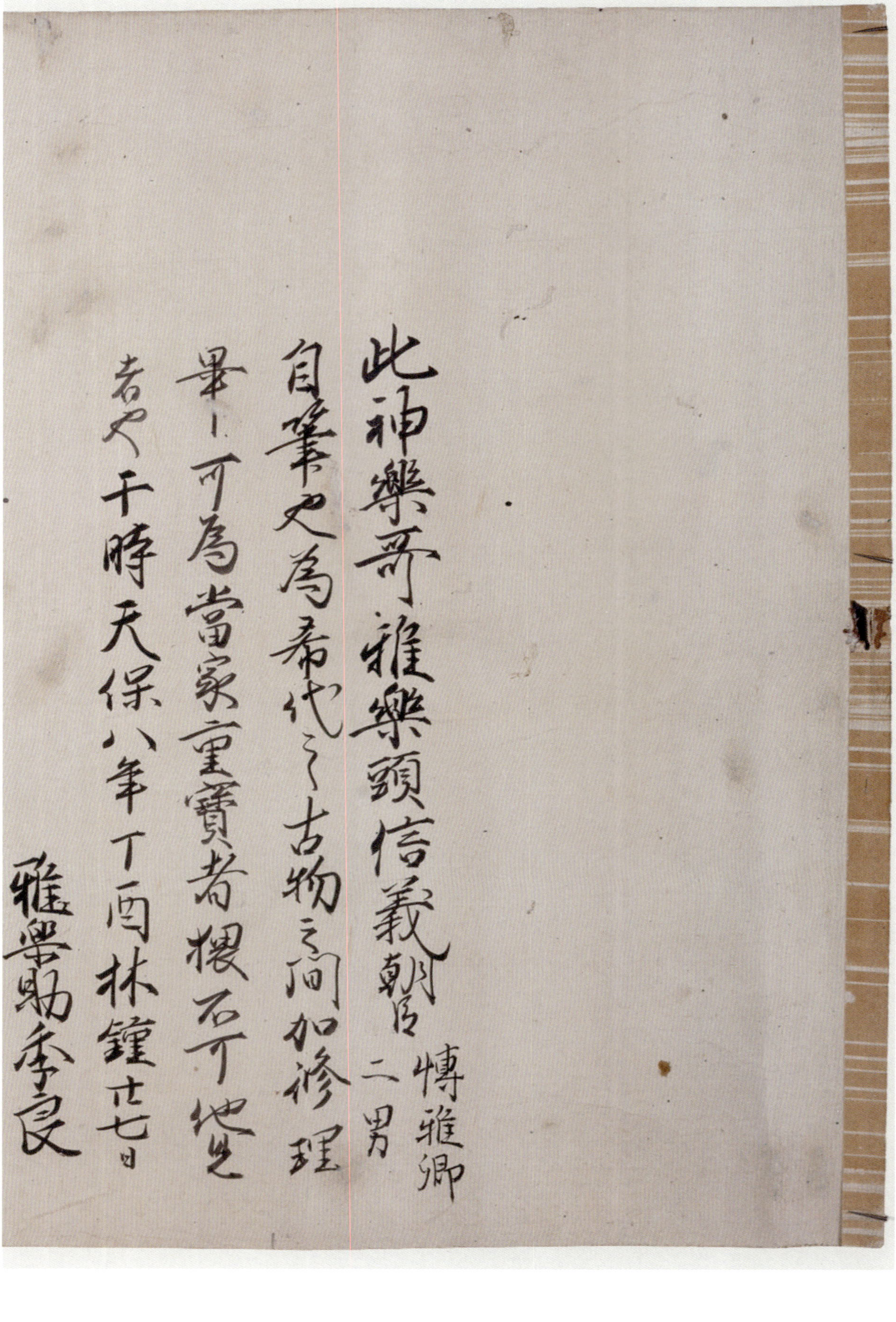

此神樂哥雅樂頭信義朝臣博雅卿二男
自筆也為希代之古物之間加修理
畢、可為當家重寶者堅不可出之
者也　于時天保八年丁酉林鐘廿七日
雅樂助季良

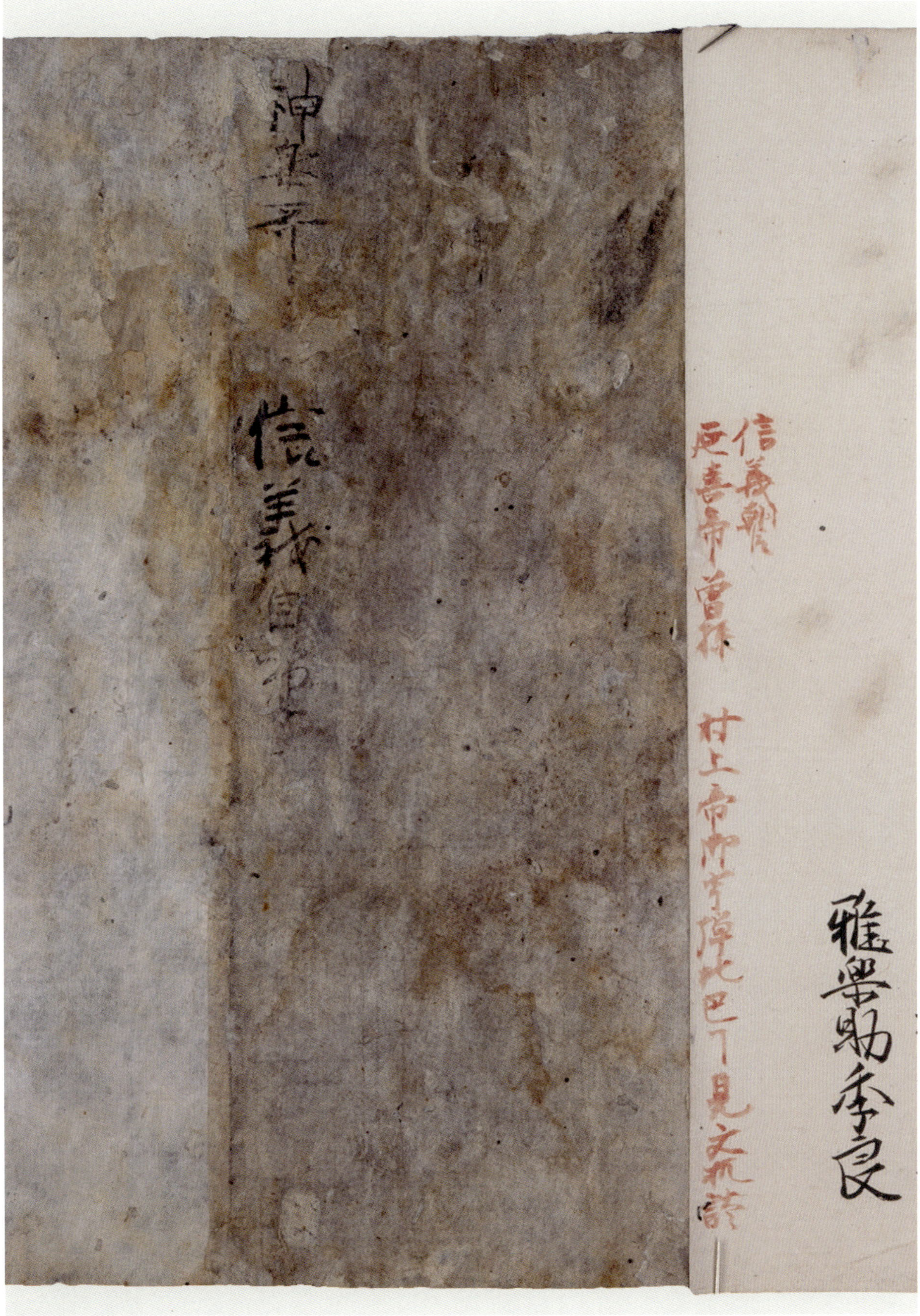
信義
雅樂助季良

神樂哥　音振拍子等有笛譜

北御門

元者曽己和於已名不也万の　於已太ふ不也万乃之比

和毛止於介也

加毛止於介也

韓神　北御門時異例唐神音振
大直日又同

美之万由不加太尓止里加介　加太仁止利加介　太加良尓
加於介也

宇氣比奇　万遊調音　今八首

安之支太　和良波乃　不奈天世田比波　和礼加千止里天
也安波礼　和礼加千止里天也　安波礼

採物　今八種十六首音振皆同之

左加支波尓由不止里之天々　太加々美乃見元呂志々波

左加支波尓由不止里之天〻太加〻美乃見元呂思〻波
比曽女介ム波比曽女介元
韓神
見之万由不〻加太尓止里加介〻和礼加良加美波〻加良乎
支世元也加良乎支加良乎支世元也〻
倭舞寸
見也比〻乃於仅与曽巳呂毛比左止仅之
挟居張寸　三種合本末六首音振同　件挟居張〻前字男
由不之天乃加見乃左支太乃〻奈乃呂仅乃

由不之天乃加見乃左ゝ太乃以奈乃呂伎乃
之名取　用早居張琴　但件哥本末合六首依次各一度
唱更以一哥数度不唱安知女不云

本

しなかとりやゐなのみなとにやあいそいる不ねのかち
よく万せ不ねかたふくな　不ねかた不くなれ

末

わきもこのやいそゝのきたりやあいそ　われもの りたりや
不ねかた不くな　不ねかたふくな

本

しなかとりやゐなの不しはらやあいそとひてくるしきか

本

しなかとるや ゐなのふしはらや あいそ とひてくるしきか

はおとは おと おもしろき しきかはおと はおと

末

しなかとるや ゐなのみなとにや あいそ あみさしれや わかきの

きりえね いくらとり けりん いくらとりけむ

本

わきもこにや ひとよはふれ あいそ あやかりなしより

とりもとらねれ とりもとらねは

末

しかりともや わかきのきみはや あいそ いつゝとりんつとり

末

しかりともや わかききみはやあいそ いつゝとりんつとり

とりなゝやとり やつとり とりとつよとりはとりけんと

をはとりけむ

薦枕　用狭居依琴　末与同音

こも万くらや たかきのよとにや あいそ たかにへにとそし

きつきの仮るあみたえし　さてさしの仮る

小竹波

本

さゝなみやしかのからさき みしねつくをみなのよさそ

本

さゝなみやしかのからさきやみしねつくをみなのよさそ

れもかなかれもかないとこせまいとこせにせむ

末

あしはらのいなつきかにのおのれさへよめをえすとて

さゝけてはおろしおろしてはさゝけかひなけをえる

やかひなけのひなけをえるや

宇恵津支

本

うゑつきやたなかのもりやもりやあまかさのあさか

さらわ

うゑつきやたなかのもりや　もりや　天のかさのあさか
はらに
末
われをきてねふりとるな　とるなてふかさのあさ
ちかはら

揚巻
あけまきを　わさたにやりて　そをもふとに　そをもふそふ
そをもふ　そをともふと
末
そをともふと　なにもはるなり

そをこそれ山　なみそはあをり

太宮

たりえやうちをさとよりてやてゝやゝ山万ならは

天ゝや

菱名正谷

みなとうみ久にやつうりとろちなやとろちなやなな

からとうちなや

蓋

きりゑ一叔たさう礼くさ一見そのふ不一万ぬりてきゝ

叔を仅りそれて一たさ万さ一のを礼ぬたさ二たさ

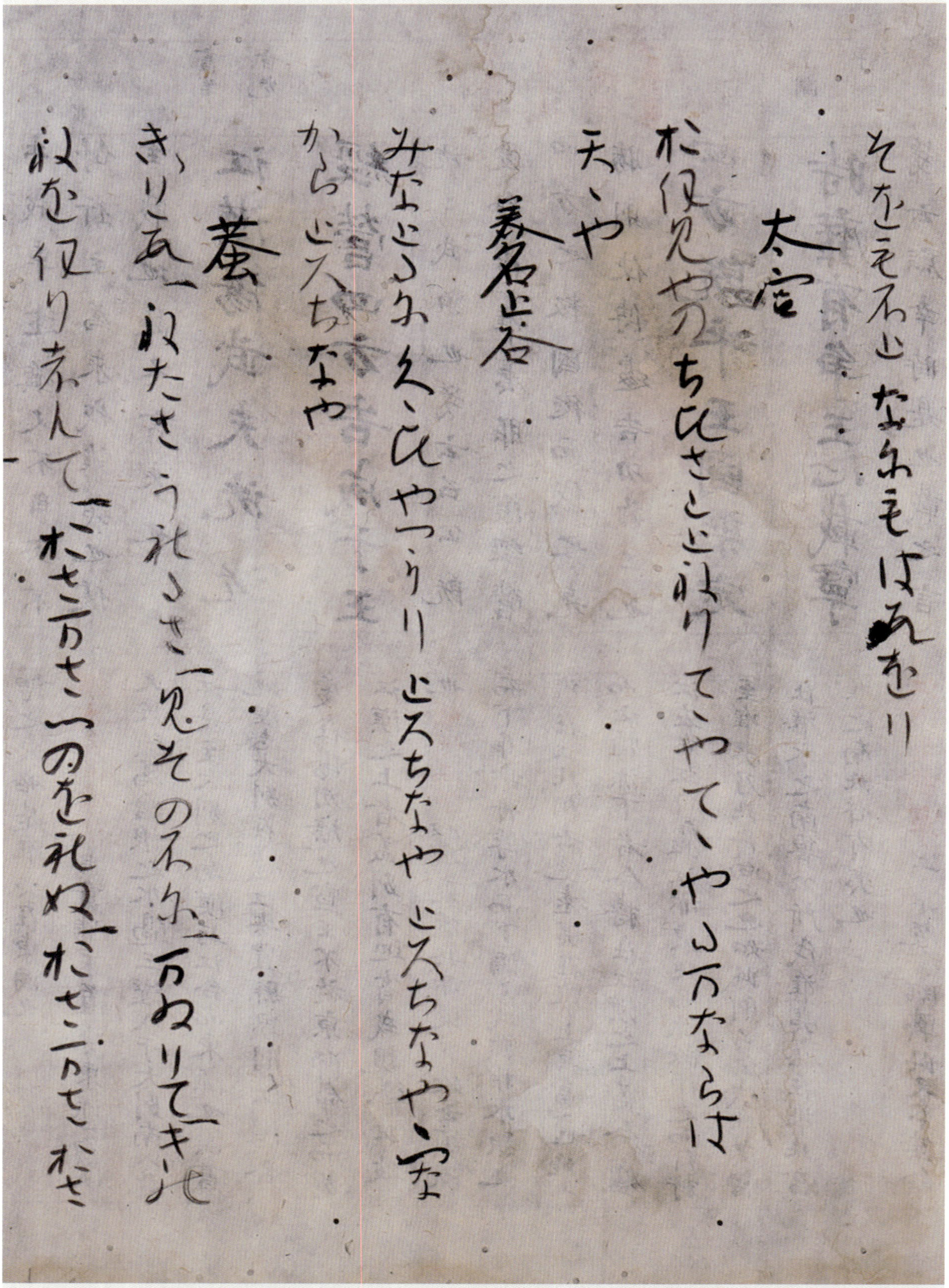

叔左仮り来んて　一　おさ万さ一の左礼ぬ　一　おさ万さ　おさ
万さ一の左礼ぬ　一
末向手唱　但左右たさう礼たさより唱
此方有二説
千歳ゝゝ
千歳ゝゝゝやちよせの千歳や
伊津礼曽毛
いつれそもとゝ万り
末
かのさきとて

末

かのさきとして

此等類本末合廿二首音振皆同之

湯立

いきし万の　あ万り　よきらか尓たり　仏のおけ　おけりゝ

久仏の

末

ふく仏のにそのさきさきかむりあり止　おけ　おけ

かむりありあり止

本

こ又きみの　ゆきよはや万のゆかさく　おけ　おけり　わっ

本
松伎きみのゆきとはやカのわかさく松村松介わっ
さく

末
わうさく和礼りり尓由く石かちさうひとかき
松村松介おけ松け

吉々利々
吉々利々千歳榮白衆等聴説晨朝清淨偈
あかほしは明星は久末やこゝなりやなにしかも
こよひのつきのたゝここに万ゐやたゝここに万ゐ

こふひのつきのたゝところにかあや一ふところにたゝこゑ一
かあや一　末哥同本哥　従白衆於初唱　又本末各三度之

淨錢子

ぜに錢さかのほやのしもゆふひはあ一ふれかはふさりし一
ぜに錢こ一たらときひふや一たりらときひふや一

本綿作

ゆふつくるしの、はらのあさふつ子あさふ子一

此後朝倉

本　一

此後朝倉

本　あさくらや一きのまろとのに一わかをれは一

末

わかをれは一なのりをしつゝ一ゆくやたれ一

此間使舞人陪従被物人長疋絹差

次其駒後事了退出

禮記正義

附
尚書正義
毛詩正義

〔唐〕孔穎達 撰
郜同麟 等 解題

解題

本册目録

序言

儒家傳統經典，相沿有「五經」「九經」「十三經」諸目。漢魏以降，因應官學博士制度，逐步形成各經與傳注的權威組合，呈現爲「經注本」的文本形態。南北朝時期，義疏之學興起，多以「經注本」爲基礎，疏通經義，兼釋注文，且備采衆説。唐朝貞觀年間，孔穎達奉命主持撰修《五經正義》，基於前人義疏，爲《周易》《尚書》《毛詩》《禮記》《左傳》編定新疏，幾經修訂，最終於永徽四年(653)頒布天下，以求達到統一經義目的。其後，唐又有賈公彦等撰《周禮疏》《儀禮疏》，徐彦撰《春秋公羊疏》(一説徐彦爲南北朝時人)，楊士勛撰《春秋穀梁疏》，北宋邢昺等撰《論語正義》《孝經正義》《爾雅疏》。以上孔、賈及至邢昺等所撰諸經義疏，均與經注别行，自成一書，故後世稱其爲「單疏本」。唐代單疏本長期以寫本形式流傳，今存數種敦煌殘卷，即其孑遺。北宋國子監首次刊刻唐九經義疏，以及邢昺等撰三部新疏，南宋又覆刊北宋監本。北宋本今已無存，南宋覆刊本尚有數種傳本遺存。

單疏本獨立於經注文本，在經師記誦發達時代，經注信手拈來，本無多大問題；但是進入刊本時代，加之科舉背景之下功利化的需求，讀書苟簡，單疏本與經注本參互閲讀有所不便。故此南宋高宗以降有注疏合刻之舉，因相繼刊於越州官府，款式均爲半葉八行，後世遂統稱爲「越州本」「八行本」。其後，福建建陽書坊又興起附帶陸德明釋文的注疏合刻本，融匯經注、義疏、釋文於一書，較之經注本、單疏本和越州八行本使用更加便利，因而廣受歡迎，元、明、清時代遞相翻刻。此文本形式行款爲半葉十行，故被稱爲「十行本」。總之，南宋之後，十三經的組合方式，經、注、疏、釋文的文本結構，逐漸形成固定搭配，十三經注疏遂成爲士人閲讀的基本文獻，影響深遠。注疏合刻本通行之後，單疏本缺乏閲讀需求，漸趨湮没無聞，傳本日稀。延至清代，學人可利用的單疏本已僅限於《儀禮疏》《爾雅疏》及殘鈔本《春秋穀梁疏》。錢大昕有云：「予三十年來所見疏與注别行者，唯有《儀禮》《爾雅》兩經，皆人世稀有之物也。」陳鱣亦云：「群經之疏，本自單行，今尚存宋本有三，而皆萃於吴中。三者何？《儀禮》也，《穀梁傳》也，《爾雅》也。」阮元《十三經注疏校勘記》廣羅善本，備列異同，洵稱群經校勘的典範之作，但是所採用的單疏本仍不出上述三書，而且不乏據他人校本過録者。國内現今存世的單疏本，亦僅有南宋覆刊本《周易正義》、《春秋公羊疏》(存七卷)、《爾雅疏》，清覆刊本《儀禮疏》，以及清鈔本《春秋穀梁疏》(存七卷)。

反觀日本方面，從寫本時代起，即不斷流入中土經籍文獻，及至刊本時代，規模更盛，唐鈔宋刊不絶於書，而且歷經傳鈔，存世數量頗爲可觀。以單疏本而論，據傳世本收藏印記，鎌倉時代金澤文庫五經齊備，今公私單位仍藏有南宋刊本《尚書正義》、《毛詩正義》(存三十三卷)、《禮記正義》(存八卷)，以及古鈔本《周易正義》(存十部之多)、《毛詩正義》(存四篇)、《周禮疏》、《儀禮疏》(存兩卷)、《禮記正義》(存卷五)、《春秋正義》、《春秋公羊疏》。其中，《尚書正義》、《毛詩正義》、《禮記正義》、《周禮疏》、《春秋正義》，國内不傳；《春秋公羊疏》，國内存本不全。此外，古鈔本《禮記正義》(卷五)、《毛詩正義》(四篇)源出唐寫本；《周易正義》(廣島大學藏本)或源出不傳的北宋刊本；《儀禮疏》(二卷)源出南宋刊初印本，較國内影鈔、覆刊本更佳。

諸經注疏合刻本與單疏本相較，由於經疏文字率爾搭配，章節分合、長短無定，而且相互遷就改易，人爲造成經典文本的混淆。錢大昕有云：「唐人五經正義，本與注别行，後人欲省兩讀，併而爲一，雖便於初學，而卷弟多失其真，不復見古書真面。」盧文弨亦云：「古來所傳經典，類非一本。陸氏所見，與賈、孔所見本不盡同。今取陸氏書附於『注疏本』中，非强彼以就此，即强此以就彼。欲省兩讀，翻致兩傷。」單疏本與注疏本大别有二：一是卷次，二是出文。單疏本撰成於卷子本時代，多據内容分卷，不太考慮篇幅的長短，而坊刻注疏本則照顧各卷篇幅的均衡，因此造成兩者卷次的差異。出文方面，單疏本獨立於經注，故引經注文字，形式多樣，或長或短；注疏本因爲經注齊備，所以疏前引經注文字，多以固定字數標起訖方式。單疏本與注疏本卷次、出文的區别，反映出從寫本形態到刊本標準化的變異。單疏本分唐鈔與宋刊系統，宋刊雖對唐鈔有所整飭，但大致保留了原本面貌。許多注疏本的文本矛盾之處，有賴於單疏本的校勘而得以揭示。此外，單疏本所據經注文字，不乏與注疏本相異之處，也具有重要的異文價值。當然，今存單疏刊本已屬南宋覆刻，鈔本又多據南宋本傳寫，輾轉傳鈔之際，不乏文字訛脱衍倒，别體俗寫，利用亦需精加鑒别。

近代楊守敬日本訪書，率先發掘日傳單疏本，影鈔《周易正義》、《尚書正義》、《禮記正義》、《春秋正義》，並撰寫題跋揭示其文獻價值。楊氏影鈔四經單疏本經繆荃孫歸於劉承幹，今存復旦大學圖書館。劉承幹《嘉業堂叢書》即據楊氏影鈔四經單疏本，加之借鈔日本竹添光鴻藏《毛詩正義》，國内涵芬樓藏《穀梁疏》、蔣氏密韵樓藏《春秋公羊疏》，彙刻單疏本七經併附校勘記。這是單疏本首次集中刊佈，不惟底本珍罕，所附繆荃孫等校勘記亦頗具價值。其後，日本陸續將《尚書正義》、《毛詩正義》、《禮記正義》、《春秋正義》影印出版，商務印書館《四部叢刊》又將之收録，單疏本遂得到學界廣泛利用。

但是，群經單疏尤其是古鈔本的公佈出版仍存在明顯不足。日本廣島大學圖書館藏《周易正義》、京都大學圖書館藏

《周禮疏》、蓬左文庫藏《春秋公羊疏》，迄今未見出版。已經出版者，《嘉業堂叢書》據影鈔本刊刻，難免訛誤，而且統一板式、擅改文字，今日已不足重。日本影印本流傳不廣，獲取不易，黑白印刷方式也無法反映原本的豐富信息。《四部叢刊》據日本影印本覆印，與原本相去更遠。已經發佈的線上資源有限，而且存在觀覽不便、圖像質量不高問題。有鑒於此，我們決定彙編現存群經單疏古鈔本，獲取收藏單位授權高清圖像，予以彩印刊佈，力求再現古鈔本全面信息，同時附録相關敦煌殘卷參照。爲輔助開展深度研究，本叢編邀請各經專家撰寫研究性解題，並附録與存世刊本的詳盡校勘記，以及相關重要研究論文。此外，叢編還附印了日本慶應義塾圖書館新獲皇侃《論語義疏》最古寫本殘卷，以及該校附屬研究所斯道文庫藏日本文明十九年(1487)寫本《論語義疏》，並附録慶應義塾大學論語疏研究會同人的校理研究成果，據之可以思考單疏本與南北朝義疏體的關係問題。

本叢編的出版，得到了日本宫内廳書陵部、東洋文庫、蓬左文庫、京都大學附屬圖書館、慶應義塾圖書館、斯道文庫、廣島大學圖書館和國内北京大學圖書館的大力支持，高田時雄、野間文史、住吉朋彦、陳翀教授給予了無私的幫助。各經解題撰寫與校理者朱瑞澤、韓悦、杜以恒、郜同麟、李霖、郜積意、石傑、張麗娟諸同道，撥冗合作，展示了深入研究的成果。上海古籍出版社郭冲編輯是叢編的倡議者，積極參與籌劃與聯絡工作，精心編校。在此，一併表示衷心感謝。叢編或存在這樣那樣的問題，作爲主編，自然難辭其咎，請不吝批評指正。

劉玉才

二〇二四年秋於北京大學大雅堂

東洋文庫藏舊鈔本《禮記正義・曲禮》解題

郜同麟

《禮記》是戰國秦漢儒生關於禮的文章集，内容涉及禮義闡發、儀節記録、《儀禮》解釋等方面。該書傳統被認爲是西漢中期戴聖所編，但近代以來不少學者認爲可能到東漢中期方編撰成書。東漢後期，鄭玄爲《禮記》《周禮》《儀禮》作注，確立了《禮記》作爲「三禮」之一的地位。南北朝時，爲《禮記》作疏的學者很多，但其著作大多亡佚，今日能見到的僅鄭灼在皇侃疏的基礎上編撰的《禮記子本疏義》卷五九殘卷。雖然這批南北朝舊疏早已亡佚，但從中可以看到《禮記》的地位和影響已遠超《周禮》和《儀禮》。唐初，官方組織編修《五經正義》，於禮正是取用《禮記》，而不是傳統的「禮經」《儀禮》。

《五經正義》編撰於貞觀年間，後經多次修訂，最終於永徽四年(653)頒行天下。在北宋初年國子監録板印行之前，《五經正義》都是以寫本形式流傳的，作爲其中之一的《禮記正義》也不例外。《禮記正義》的這些古寫本今多已難覓蹤跡。敦煌文獻中存有三件，但加起來僅三十餘行。除此之外，目前所見的《禮記正義》古寫本僅日本東洋文庫所藏的《禮記正義》卷五殘本。該本保存内容較多，具有極高的文獻價值，對於校勘《禮記正義》、了解《禮記正義》的演變過程有著重要意義。

一、日本東洋文庫藏《禮記正義》卷五殘本概況

東洋文庫藏《禮記正義》殘卷，卷子裝，首尾殘缺，卷中有大量蛀洞，卷首被裁作圭首形，起《曲禮上》「二名不偏諱」疏「不言在者」，至《曲禮下》「去國三世，爵禄無列於朝，出入無詔於國，唯興之日，從新國之法」疏「得仕新國者」，共十五紙四百七十五行，每行二十五至三十字。卷中文字多爲楷書，間有行書，字品不佳。該卷僅抄録孔疏，無經注，這也是南宋經注疏合刻之前《五經正義》的主要形式(故以下簡稱該卷爲「單疏寫本」)。《禮記正義》原分七十卷，現存的南宋刻單疏本殘帙及南宋紹熙三年(1192)兩浙東路茶鹽司刊八行本猶存此種分卷形式，與後世通行的十行本六十三卷的分卷方式不同。從八行本看，本卷所保存的正是《禮記正義》卷五的後半部分。

該卷卷背抄日本僧人中算所撰的「賢聖略問答卷第一」，卷末有題記「寬弘五年(1008)四月二日於龍門南院書寫畢」。由此推斷，正面所抄的《禮記正義》應在此前。石塚晴通、小助川貞次《〈禮記正義〉書誌解題》認爲是「唐時代七世紀後期寫」，未知所據。今推測《禮記正義》的抄寫時間應與卷背相距不會太遠，大概是十世紀抄本。

該卷在十九世紀末爲狩谷望之所藏，後歸岩崎氏，今屬東洋文庫。楊守敬曾於森立之處見此卷的摹寫本，並抄録刻入

《嘉業堂叢書》。《嘉業堂叢書》本卷末有楊氏跋文：

右《禮記·曲禮正義》卷子本殘卷，日本狩谷望之所藏，余得之森立之。顧立之《訪古志》未載，蓋其作《訪古志》時尚未見此本也。日本所存單疏，《易》《書》有全部，《左傳》有殘本，然皆從摺疊本傳摹，獨此爲卷軸之舊，相傳爲唐代之筆。此從狩谷本影摹，字體尚未絶俗，想見原本之高古。其中文字固有鈔手奪誤之處，而其有足訂今本之誤者，絶非宋本所可及。特重録一通，以貽筱珊，知不河漢余言。光緒庚寅嘉平月，楊守敬記。

《嘉業堂叢書》本卷末還附有繆荃孫(字筱珊)所作的校勘記，這應是有關該卷的較早研究成果。此後，中日多位學者均對該卷做過深入的研究。以下結合前人研究，並根據筆者自己的理解，談談這一寫本的文獻價值〔一〕。

二、由單疏寫本看疏中「出文」的演變

「出文」，即孔疏摘録經注文句字詞以標識所疏經注起止的內容。在出文格式上，單疏寫本和八行本、十行本有很大不同。一般來説，單疏寫本出文較長，八行本有所删減，十行本則多已規整爲「某某至某某」的形式。在具體問題上，各本的處理方式又有所不同。

單疏寫本共存八節疏，首節開頭殘損，次節開頭出文作「『外事以剛日』至『踐之』」，第三節作「『君車將駕』終於篇末」，第四節作「『凡奉者當心』至『則襲』」，第五節作「『國君不名卿老』至『同名』」，第六節作「『君使士射』至『之憂』」，第七節作「侍於君子不顧望而對非禮」全句，第八節作「『君子行禮』至『之法』」。這種分節與八行本一致，由此可知八行本延續了《禮記正義》原始的分節，在疏文中間插入了經注。單疏寫本出文全部抄録首句，八行本插入經注後，將每節前的出文大部分删除；十行本雖保留了出文，但基本全部規整爲起迄各爲兩字的「某某至某某」形式。《禮記正義》單疏刻本(「身延本」)的節前出文也多是「某某至某某」的形式，由此來看，單疏刻本就已完成了這種改動〔二〕。

但《禮記正義》每節的出文不僅起到了提示分節的作用，

〔一〕下文所引單疏抄本《禮記正義》均引自本次影印之底本；所引單疏刻本均引自《禮記正義》，《四部叢刊三編》影印身延山久遠寺舊藏本，上海：商務印書館，1935 年；所引八行本《禮記正義》均引自《影印南宋越刊八行本禮記正義》，北京大學出版社，2014 年；所引十行本《禮記正義》均引自《十三經注疏》，《中華再造善本》影印元刊明修本，北京圖書館出版社，2006 年。因引用較多，文中不再一一標注頁碼。本文所引《禮記正義》，無特別説明的，一般引自八行本。

〔二〕黄彰健已發現「卷子本《禮記正義》標經文起止所用字之多，也與今傳他經單疏本不同」，從而認爲「孔穎達《禮記正義》原本」於經文、注文未省略。參黄彰健《唐寫本周易正義殘卷跋》，《大陸雜誌》第 42 卷第 9 期，第 296 頁。

也同時領起下文，故後疏逐句疏釋時或不再重出出文中已引録過的首句。八行本和十行本删除或節略了分節前的出文，致使後疏文意有缺，如《曲禮下》「君使士射，不能，則辭以疾」，單疏寫本疏：「『君使士（聘）〔射〕』至『之憂』 正義曰：射法，每兩人相對，以決勝負，名之曰偶……是言士得預偶，故此有使士射也。」這段疏其實是解釋「君使士射」一句，因前標示起迄的出文中已完整引録「君使士射」，故後不再引，八行本删除這一出文，十行本改作「『君使』至『之憂』」，都使疏文文意不全。

可能後世寫、刻本在做删改時已注意到了這一問題，故會在每節開頭總括經義的疏文後再引録首句，如《曲禮下》「凡奉者當心」節疏：

> 單疏寫本：「凡奉者當心」至「則襲」 正義曰：此一節論臣所奉持及俛仰裼襲之節，依文解之。物有宜奉持之者，有宜提挈之者，各因其宜。
>
> 八行本：正義曰：此一節論臣所奉持及俛仰裼襲之節，各依文解之。 「凡奉者當心，提者當帶」，物有宜奉持之者，有宜提挈之者，各因其宜。
>
> 十行本：「凡奉」至「當帶」〇正義曰：此一節論臣所奉持及俛仰裼襲之節，各依文解之。〇「凡奉者當心，提者當帶」，物有宜奉持之者，有宜提挈之者，各因其宜。

八行本和十行本均補充了經文首句「凡奉者當心，提者當帶」，表明這應該也是單疏刻本時代即已完成的工作。做這種補充，正是因爲删改出文後導致下經疏無對應出文。

這一問題不僅涉及大節的起迄，小節起迄也有此問題，如：

《曲禮下》「執天子之器則上衡」，單疏寫本疏：「『執天子之器則上衡』至『提之』 正義曰：向明常法，此以下明臣各爲其君上提奉之礼也。執，持也。上猶高也。衡，平也……」自「執，持也」以下正釋「執天子之器則上衡」一句，因前出文中已引全，故後不重出。八行本將出文改作「『執天』至『提之』」，十行本獨立爲一節，出文與八行本同，均使後疏無對應經文。浦鏜謂「執持也」上「脱〇及『執天子之器則上衡者』九字」〔一〕，已注意到這一問題。

《曲禮下》「執主器，操幣、圭璧，則尚左手」，單疏寫本疏：「『執主器，操弊〔幣〕、圭璧，尚左手』至『曳踵』 正義曰：明提奉用手足之儀也。圭璧，瑞玉也。尚，上也……」「圭璧」之下正釋首句，因前出文中引全，故後不再出。八行本、十行本出文均改作「『執主』至『曳踵』」。

《曲禮下》「君大夫之子不敢自稱曰『余小子』」，單疏寫本

〔一〕舊題沈廷芳《十三經注疏正字》卷四四，《景印文淵閣四庫全書》第192册，臺北：商務印書館，1986年，第585頁上欄。

疏：「『君大夫之子不敢自稱余小子』至『同名』　正義曰：此以下明孝子在喪，擯者接對賓客之辭也。君大夫，謂天子大夫有地者……」「君大夫謂」以下正釋首句。八行本、十行本出文均改作「『君大』至『同名』」，使疏文前無經文照應。浦鏜謂「之辭也」下「當脱○及『君大夫之子不敢自稱曰余小子者』一十四字」〔一〕，也已注意到此問題。

除了這種標示起迄的出文外，如果經文不長，單疏寫本會直接出全句，後文據之釋義，而八行本、十行本或改作「某某至某某」的形式，亦使引文不全，如《曲禮上》「逮事父母則諱王父母」，單疏寫本疏：「『逮事父母則諱王父母』　正義曰：逮，及也。王父母，謂祖父母也。若及事父母，則諱祖也。」八行本、十行本出文均作「『逮事』至『父母』」，使後疏無對應經文。

十行本的分節與八行本不同，八行本節内的小段會被十行本獨立爲一節，十行本將小節獨立後會再删改出文，這就有八行本原通而十行本删改後不通的情况，如：

《曲禮下》「凡執主器，執輕如不克」，單疏寫本疏：「『凡執主之器，執輕如不克』　正義曰：向明持奉高下之節，此辨持奉之容儀也。主亦君也。礼，大夫稱主……」「主亦君也」以下正就前出文所引作釋。八行本疏删除了「正義曰」，作：「『凡執主器，執輕如不克』　嚮明持奉高下之節……」與單疏寫本大致相近。十行本疏因獨立爲一節，其出文改作「『凡執』至『不克』」，使後疏無對應經文。

《曲禮下》「立則磬折垂佩」，單疏寫本疏：「『立則聲〈磬〉折垂佩』至『委』　正義曰：向明奉持及手足之儀，此明授受時礼也。立，倚也。佩，謂玉佩也……」「立，倚也」以後正釋前引經文。八行本與單疏寫本小段劃分略有不同，出文作「立則磬折垂佩」，無「至委」二字，後疏猶有經文可對應。十行本「立則」以下獨立爲一節，將出文改作「『立則』至『則襲』」，則使後文無經文可對照。浦鏜謂「立倚也」上「脱○及『立則磬折垂佩者』七字」〔二〕，其説雖不確，但由此亦可見十行本出文之節略使疏文不通。

《禮記正義》中還有一種特殊的標示小節起迄的方法，即僅引小節首句，多數情況下，八行本繼承了單疏寫本以來的這一形式，如《曲禮上》「入竟而問禁，入國而問俗，入門而問諱」，單疏寫本疏：「『入境而問禁』者，此以下並爲敬主人也。」是以此三句爲一小節。十行本與單疏寫本同，八行本除「境」作「竟」外，亦與之同。

八行本對少數僅引小節首句的出文做了删改，删改後同樣導致了後疏無對應經文，如《曲禮上》「龜爲卜，筴爲筮」，單疏寫本疏：「『龜爲卜』　正義曰：解卜筮所用也。龜處筮後，

〔一〕舊題沈廷芳《十三經注疏正字》卷四四，《景印文淵閣四庫全書》第192册，第585頁下欄。

〔二〕舊題沈廷芳《十三經注疏正字》卷四四，《景印文淵閣四庫全書》第192册，第585頁上欄。

是龜覆於筮。『筴爲筮』者，筮在龜前爲決也。」八行本則將出文改作「『龜爲』至『踐之』」，刪「正義曰」，十行本與之同，但獨立爲一節。後疏文「龜處筮後，是龜覆於筮」是釋「龜爲卜」一句，八行本改動出文，致此疏前無對應經文。浦鏜謂「所用也」下脱圈及「龜爲卜者」四字〔一〕，已注意到了這一問題。另外，從單疏寫本看，「龜爲卜」一句所領的僅「龜爲卜，筴爲筮」兩句，故稱「解卜筮所用也」。下「卜筮者，先聖王之所以使民信時日」云云，孔疏另有「解所以須卜筮之義也」一句總括其義，表明其後爲另一小段。今本《禮記正義》既錯誤地劃分小段，又刪除出文，遠失孔疏原貌。

這種形式的出文，還有一些八行本繼承原貌但十行本因獨立成節而作刪改的情況，如《曲禮上》「故君子式黄髮」，單疏寫本疏：「『故君子式黄髮』　正義曰：此以下明雜敬礼也。君子，謂人君也……」是以此句至篇末爲一段。八行本與單疏寫本同，唯刪「正義曰」三字。十行本因將此句以下獨立爲一節，出文改作「『故君』至『有誅』」。這就使得「君子，謂人君也」以下的疏文無對應經文。

這一問題不僅影響了釋經之疏，同樣也影響了釋注之疏。如《曲禮上》「外事以剛日」，鄭玄注：「順其出爲陽也。出郊爲外事。《春秋傳》曰：『甲午祠兵。』」單疏寫本疏：「注『順其出爲陽』至『甲午祠兵』　正義曰：以出在郊外，故順之用剛日也。」「以出在郊外」之下正釋「順其出爲陽」，因前已有出文，故「正義曰」後不需重出。八行本改作「『順其』至『祠兵』」，使後文無對應注文。可相對比的是，若後疏文所釋非本節經注的首句，則疏中需要出經注，如《曲禮上》「逮事父母，則諱王父母」，鄭玄注：「此謂庶人。適士以上廟事祖，雖不逮事父母，猶諱祖。」單疏寫本疏：「注『此謂庶人也』至『諱祖耳』　正義曰：云『適士以上廟事祖』者，《祭法》云『適士二廟』……」疏中所釋非「此謂庶人」一句，故後需出「適士以上廟事祖」。

通過以上的分析，可以看出八行本、十行本（以及現在部分已佚的單疏刻本）對《禮記正義》出文改造的規律，並可將這些規律推廣到没有單疏寫本可以對照的篇卷，解決一些前人無法解決的問題。以下略舉幾例説明。

（一）《禮記正義》每節疏前標識起迄的出文往往全引首句，後疏釋首句時多不再引録。八行本大多刪除節首出文，十行本全部改造爲「某某至某某」的形式，這都致使後首句之疏無對應經文。有學者認爲是疏中脱落了經文首句，非是。如：

《曲禮上》「帷薄之外不趨……授立不跪，授坐不立」，孔疏：「正義曰：此一節言趨步授受之儀。帷，幔也。薄，簾

〔一〕 舊題沈廷芳《十三經注疏正字》卷四四，《景印文淵閣四庫全書》第192册，第583頁下欄。

也。」依單疏寫本體例，「正義曰」前應有「『帷薄之外不趨』至『不立』」，故後「帷，幔也」前無需重出經文。八行本「正義曰」前無文字，十行本前作「『帷薄』至『不立』」，這都使「帷，幔也」以下之疏缺少出文。浦鏜校，謂「之儀」下「脱『〇』及『帷薄之外不趨者』七字」[一]，非是。

（二）八行本、十行本爲了彌補因删改出文造成的混亂，或於後另出首句。這種情况大多無法指實，但有些地方所加位置稍有不當，暴露了這些引經之文爲後加的事實，如：

《學記》「君子知至學之難易，而知其美惡，然後能博喻」，孔疏：「正義曰：此一節明爲師法。君子，謂師也。教人至極之美，可以爲君長之事。　『君子知至學之難易』者，三王四代所以敬師，隨器與之，是至學之易；隨失而救之，是至學之難。」按，此處「君子謂師也」以下已是釋「君子知至學之難易」一句，但「教人至極之美，可以爲君長之事」又與後經文「師也者，所以學爲君也」相照應。「『君子知至學之難易』者」加在「三王四代所以敬師」一句之前顯然是不可通的，因爲此句與前文句意連貫，且與後經文「三王四代，唯其師」相照應。孔疏「正義曰」之前蓋本有「『君子知至學之難易』至『謂乎』」的出文，後「『君子知至學之難易』者」一句本來就不需要。此句若加在「君子謂師也」之前，或「三王四代所以敬師」之後都是勉强可通的。今本此句在「三王四代」之前，正説明這是後人不明孔疏體例而妄加。

（三）《禮記正義》標誌每節中間小段的出文，或全引經文，或引全首句，八行本、十行本多改作「某某至某某」的形式，或作删節，也使得後疏無對應經文。如：

《曲禮上》「禮不踰節，不侵侮，不好狎」，疏：「『禮不』至『好狎』　禮者，所以辨尊卑、别等級，使上不逼下，下不僭上，故云禮不踰越節度也。『不侵侮』者，禮主於敬，自卑而尊人，故戒之不得侵犯侮慢於人也。」按，「禮者」至「節度也」顯釋「禮不踰節」一句，後「不侵侮」出經文，此段不當無對應經文。疑孔疏當出「『禮不踰節』至『好狎』」，或僅作「禮不踰節」。

（四）《禮記正義》標誌每節中間小段的出文或僅引經文首句，無迄止文字。八行本、十行本多改造爲「某某至某某」的形式，少數未改者，學者又或以爲誤。如：

《表記》「子曰『先王謚以尊名……』」，孔疏：「『子曰先王謚以尊名』　以前經論君子求福不回，此一節廣明君子名行相副、卑己尊人之義。」浦鏜以爲「尊名」下「當脱『至尊敬之』四字」[二]，當非。

（五）釋注之疏的出文也多引録全文，或引全首句，後疏中則不再引。八行本、十行本多改作「某某至某某」的形式。

[一] 舊題沈廷芳《十三經注疏正字》卷四四，《景印文淵閣四庫全書》第 192 册，第 577 頁下欄。

[二] 舊題沈廷芳《十三經注疏正字》卷五六，《景印文淵閣四庫全書》第 192 册，第 755 頁下欄。

學者困惑於「正義曰」後或出經注或不出經注，而以不出經注者爲脱文。如：

《曲禮下》「天子之六工，曰土工……」，鄭玄注：「土工，陶、旗也……唯草工職亡，蓋謂作萑葦之器。」孔疏：「㊟『土工』至『之器』　正義曰：《考工記・陶人》：『爲甗，實二鬴；又甑，實二鬴，七穿。』……」浦鏜謂「正義曰」下「當脱『土工陶旗也者』六字」〔一〕。其實應當是出文作「『土工，陶、旗也』至『之器』」，非「正義曰」下有脱文。

通過以上的分析可以看出，最初《禮記正義》的疏文大多有對應的經注，因此讀正義時基本無需頻繁取經注本對照。後世傳抄過程中或將出文簡省，至北宋所刻單疏本《禮記正義》又將出文固定爲「某某至某某」的形式，這就爲讀者增加了許多不便，必須在讀正義的同時參考經注本。這種形式改變造成的不便恐怕正是南宋經疏合刻本産生的原因之一。

可與《禮記正義》相對比的是，傅斯年圖書館藏唐寫本《周易正義》殘卷的經注出文也較單疏本爲繁〔二〕，八行本和十行本又在單疏本的基礎上做了不少删改。但敦煌寫卷中另外幾種經疏，如S. 498《毛詩正義》殘卷、P. 3634V＋P. 3635V《春秋左傳正義》殘卷，其出文以朱筆抄出，且多爲「某某至某某」的形式，與今本差異不大。東京國立博物館藏《毛詩並毛詩正義大雅殘卷》中的《毛詩正義》乃節鈔本〔三〕，其出文也以朱筆鈔出，其中有不少全部抄録傳箋原文的內容，這與《毛詩正義》單疏本和十行本都有些差異，却與《禮記正義》單疏寫本的情況有相似之處〔四〕。大約《五經正義》各書間的體例本不統一，宋人則在刊刻經疏時做了一些形式規整工作。通過對《禮記正義》出文演變規律的考察，可以爲宋代經疏刊刻過程的研究提供一個新的視角。

三、由單疏寫本看疏中「正義曰」的增删

《五經正義》之例，或在出文後加「正義曰」標明疏文之始。將《禮記正義》單疏寫本與八行本、十行本對比，前者比後兩者多出許多「正義曰」。在這方面，八行本、十行本基本上是一致

〔一〕舊題沈廷芳《十三經注疏正字》卷四四，《景印文淵閣四庫全書》第192册，第588頁上欄。

〔二〕參黄彰健《唐寫本周易正義殘卷跋》，《大陸雜誌》第42卷第9期，第296—299頁。

〔三〕關於這件寫卷的定名，本文參考了程蘇東《東京國立博物館藏唐人〈毛詩並毛詩正義大雅殘卷〉正名及考論》，《「中央研究院」歷史語言研究所集刊》第88本第2分，第205—244頁。

〔四〕程蘇東認爲：「鈔卷在傳箋疏文部分進行了大量删節，原有的標起止顯然已經無法用來對應鈔卷自身節録的疏文，因此，鈔者改用徑録原文的出文體例。」（程蘇東《東京國立博物館藏唐人〈毛詩並毛詩正義大雅殘卷〉正名及考論》，《「中央研究院」歷史語言研究所集刊》第88本第2分，第223頁）其實很可能今天所見單疏本和十行本的出文形式是宋人改造過的，鈔卷反而更近原貌。

的,這説明對「正義曰」的删減應該在單疏刻本中就已完成了。

單疏寫本雖與孔疏原本還有差距,但分析該本,可知《禮記正義》所加的「正義曰」有如下規律:

(一)每節疏,在標示分節起訖的出文後必加「正義曰」,這一部分在八行本、十行本中基本保留。如「『外事以剛日』至『踐之』」「『君車將駕』終於篇末」「曲礼下」「『凡奉者當心』至『則襲』」等等之下均有「正義曰」,八行本、十行本對出文多有删改,但都保留了原有的「正義曰」。

(二)釋注之疏在出文後必加「正義曰」[一],八行本基本保留,少量删除。如「注『此謂庶人也』至『諱祖耳』」「注『順其出爲陽』至『甲午祠兵』」「注『大事卜,小事筮』」等之後均有「正義曰」,八行本、十行本均同。「注『空神位也,祥車,葬之乘車也』」後之「正義曰」,八行本、十行本均予删除。

(三)在釋注之疏後,第一段釋經之疏在出文後必加「正義曰」,八行本基本删除。如單疏寫本「注『此謂庶人也』至『諱祖耳』」之疏後,「大夫之所有公諱」出文後有「正義曰」,八行本無,十行本無「正義曰」且多一「者」字。「注『婦親遠,於宫中言避之耳』」後的「諱大功,小功不諱」節,「注『順其出爲陽』至『甲午祠兵』」後的「内事以柔日」節等,均是這種情況。

(四)一節經文文義可分若干段,每段首句出文或起訖出文後一般加「正義曰」[二],八行本基本删除。如單疏寫本出文「喪事先遠日」後有「正義曰」,八行本無,十行本亦無,且多一「者」字。單疏寫本「『曰爲日』至『有常』」後有「正義曰」,八行本僅有一「曰」字,十行本同。

總之,除了每節開頭和注之出文後,八行本和十行本基本上都删除了「正義曰」,即便是鄭注出文後的「正義曰」也有少量被删。掌握這一規律,就可對今本《禮記正義》中的一些問題作出解釋,如:

《曲禮上》篇名疏:「『禮記』者,一部之大名。『曲禮』者,當篇之小目。既題『曲禮』於上,故著『禮記』於下,以配注耳。『鄭氏』者,姓鄭,名玄……」浦鏜謂「禮記者」上脱「禮記鄭氏注」五字,云:「案疏云『禮記者,一部之大名』云云,即疏此五字也,與《儀禮》例同。」[三]按:浦鏜説是,疏「『禮記』者」以下即疏「禮記鄭氏注」五字。然據黄丕烈影抄單疏本《儀禮注疏》,並無「儀禮鄭氏注」五字,而是分别於兩段疏前有「儀禮」「鄭氏注」出文,并且每段疏以「釋曰」起首。《四部叢刊》影印《左傳正義》單疏抄本亦有「杜氏」出文,後以「正義曰」引出釋「杜氏」之疏。《四部叢刊》影印單疏刻本《尚書正義》亦出「虞

[一] 一個例外是,「注『婦親遠,於宫中言避之耳』」後無「正義曰」,八行本、十行本均同,則應在較早的寫本中已呈現目前的樣貌。值得注意的是,此段疏全文爲陳鏗與田瓊的問答,無「正義曰」可能與此有關。

[二] 在單疏寫本中也並非所有小段首句疏都有「正義曰」,但加「正義曰」的大多都是小段首句。

[三] 舊題沈廷芳《十三經注疏正字》卷四四,《景印文淵閣四庫全書》第 192 册,第 574 頁上欄。

書」「孔氏傳」，並分別以「正義曰」引出疏文。以此例之，並參考前面的論述，《禮記正義》所脱的並非「禮記鄭氏注」五字，而是「『禮記』者」前當脱「『禮記』　正義曰」，「『鄭氏』者」前當脱「『鄭氏』　正義曰」，或「者」字原皆作「正義曰」。

釋注之疏中「正義曰」的删減可能會造成更多的問題。孔疏釋注有二式，一者引「注」或「注云」，後以「正義曰」領疏文；一則在串講經文中隨文作釋，無正式的出文，或不先引鄭注，或引鄭注而稍有改動，前無「注」字，亦不空格，無「正義曰」字樣。此二式因有無「正義曰」而可明確區分，但後世删減「正義曰」，無法明確區分二者，造成了一些混亂，甚至會以後一式不合體例而作改動。

首先，第一式中的「正義曰」有可能被删除，《禮記正義》部分節的釋注之疏會在整節經文之疏後，删除「正義曰」的釋注之疏與經文中隨文釋注的形式相近，會讓人誤以爲文字錯亂。如：

《檀弓上》「瓦不成味，木不成斲」，鄭玄注：「『味』當作『沬』。沬，靧也。」孔疏：「『瓦不成味』者，味猶黑光也。今世亦呼黑爲沬也。瓦不善沬，謂瓦器無光澤也。　『木不成斲』者，斲，雕飾也。木不善斲。鄭注云『味當作沬，沬，靧也』，靧謂靧面，證沬爲光澤也。」浦鏜謂「鄭注云」至「光澤也」二十字「當續前『瓦不成味』疏下」〔一〕。

按：浦校似非，今疑「鄭注云」以下本爲釋注之疏，「靧也」下脱「正義曰」三字耳。單疏寫本中釋注之疏出文多稱「注云……」，八行本則用陰文「注」字標識，但偶有誤用陽文且保留「云」字者，如《曲禮上》「凡進食之禮，左殽右胾，食居人之左，羹居人之右」，鄭玄注：「皆便食也。」八行本疏：「注云『皆便』至『在豆』　正義曰『皆便食也』者……」《王制》「歲二月，東巡守，至于岱宗」，鄭玄注：「岱宗，東嶽。」八行本疏：「注云『岱宗，東嶽』　正義曰：嶽者何？嶽之爲言桷也，桷功德也。」此類之例較多，不再舉。除删改「注云」之外，八行本還多删單疏本出文後的「正義曰」三字。前揭《檀弓》疏八行本既前未空格，未將「注」改作陰文，保留了「云」字，又誤删「正義曰」，則此處釋注之疏似於經疏中隨文作釋者，故浦鏜疑當續前「瓦不成味」疏之後。

其次，在第二式釋注之疏中，或不先引鄭注，後以類似「故鄭云」的字樣作結，如《曲禮上》「效駕」，鄭玄注：「白已駕。」孔疏：「僕監視駕竟，而入白君，道駕畢，故鄭云『白已駕』也。」

這種形式一般不會引發問題，但今本較單疏寫本或少「故鄭云」字樣，蓋以經疏中不當釋注，如《曲禮上》「則僕執策立於馬前」，鄭玄注：「監駕，且爲馬行。」單疏寫本疏：「別有牽馬駕車，而此僕既知車事，故監駕也。又恐馬奔走，故自執馬枝

〔一〕舊題沈廷芳《十三經注疏正字》卷四五，《景印文淵閣四庫全書》第192册，第599頁上欄。

〔杖〕倚立當馬前也。鄭云執策是監〔駕〕；〔立〕馬前，是恐馬行也。」今本疏與之異文較多，其最顯著者則是無「鄭云」二字。

有些經疏中的釋注之文則先引鄭注，有些會稍作改動，如：

《曲禮上》「入國而問俗」，鄭玄注：「國，城中也。」孔疏：「國，城中。城中，如今國門内也。」此即引鄭注並進一步作釋。

《曲禮上》「婦人不立乘」，鄭玄注：「異於男子。」孔疏：「婦人質弱，不倚乘。異男子也。男子倚乘，而婦人坐乘，所以異也。」「異男子也」以下正引鄭注並作釋。單疏寫本與今本略同，亦無「注云」「正義曰」等字。

後世或以此一形式不合全書體例而增入「注」「注云」等字樣，如《曲禮上》「入國不馳」下疏：

> 單疏寫本：馳，車馳。國中人多，若馳車則害人，故不馳。愛人也。若馳，善好蔺人也。善猶好也。蔺，雷刺也。若車馳，則行刺人也。何胤云：「蔺，躐也。」
>
> 八行本：國中人多，若馳車則害人，故不馳。注云「愛人也，馳，善蔺人也」，善猶好也。蔺，雷刺也。若車馳，則好行刺人也。何胤云：「蔺，躐也。」

「愛人也」以下顯然引鄭玄注並作疏釋。如單疏寫本之貌，則非引鄭注原文，而是稍做改動，以求語勢與上文相接。八行本則前加「注云」字樣，並改從鄭注原文，不再存孔疏隨文釋義的原貌。但依孔疏之例，釋注之疏後應有「正義曰」，八行本改動後又進一步紊亂了孔疏體例。

又如《曲禮上》「國中以策彗卹勿驅，塵不出軌」，鄭玄注：「入國不馳。彗，竹帚。卹勿，搔摩也。」孔疏：「前云『入國不馳』，此爲不馳，故爲遲行法也。策，馬杖。彗，竹帚也。　注『卹勿，搔摩也』，入國不馳，故不用鞭策，但取竹帚帶葉者爲杖。形如埽帚，故云『策彗』。云『卹勿』者，以策微近馬體，不欲令疾也。但僕搔摩之時，其形狀卹勿然。」單疏寫本「卹勿」上無「注」字。按，此整段疏兼釋經注，「彗，竹帚也；卹勿，搔摩也」均爲鄭注，不當於中間加一「注」字；其後「云『卹勿』者」云云實釋經文，不當在注疏之中；單疏寫本無「正義曰」，亦表明這段文字并非釋注之疏。因此，今本有陰文「注」字者顯係後世妄加，其上更不應空格。

又或有學者不知孔疏此例而誤作校勘，如《曲禮上》「入里必式」，鄭玄注：「不誣十室。」孔疏：「里必式，則門閭亦式，故門閭必步，不誣十室也。《論語》云：『十室之邑，必有忠信如丘者焉。』是不誣十室也。」吉川幸次郎云：「『不誣十室也』，案當作『注不誣十室』五字，注上空一格。」[一] 按，此下確係釋鄭

[一] 吉川幸次郎《禮記注疏曲禮篇挍記》，《吉川幸次郎全集》第21卷，東京：筑摩書房昭和四十三年(1968)，第637頁。

注，但此爲隨文釋義，不必加「注」字。

以上都是由於後世刻本删減《禮記正義》中的「正義曰」，造成孔疏體例不明，後人又從而做各種校改，轉失孔疏原貌。

四、由單疏寫本看孔疏的釋義體例

從單疏寫本與八行本的對照中，也可以看出今本《禮記正義》在釋義體例方面脱誤的一些規律。

首先，孔疏在出經文後多或重揭一二字單獨作釋，如果重出之字與出文的末一兩字重合，便很容易脱落。 如：

《曲禮上》「車驅而騶，至于大門」，單疏寫本疏：「『至于太〔大〕門』者，大門，君最外門也，謂車行至外門時也。」八行本、十行本即脱「大門」二字，監本、毛本又從而將「君最外門」誤作「君至外門」。

《曲禮上》「入國不馳」，單疏寫本疏：「『入國不馳』者，馳，車馳。國中人多，若馳車則害人，故不馳。」八行本、十行本脱「馳，車馳」三字。

實際上，這一現象可能在寫本時代就已比較普遍，如：

《曲禮上》「左右攘辟」，孔疏：「『左右攘辟』者，左右，謂侍駕陪位諸臣也。」單疏寫本無「左右」二字。

《曲禮上》「車上不廣欬」，孔疏：「『車上不廣欬』　廣，弘大也。欬，聲欬也。」單疏寫本脱「廣」字。

《曲禮上》「顧不過轂」，孔疏：「『顧不過轂』者，車轂也。」單疏寫本同，據文意「車」上當有「轂」字。

《曲禮上》「塵不出軌」，孔疏：「『塵不出軌』者，軌，車轍也。」單疏寫本「車轍」上脱「軌」字。

找到這一規律，便可解決今本《禮記正義》中的許多問題，略舉兩例如下：

《月令》仲冬「命奄尹申宫令」，孔疏：「『命奄尹』者，謂正也，謂命奄官正長申重之政令，常察門閭之事，謹慎房室之處。」浦鏜：「『謂』上當脱『尹』字。」〔一〕其説是。

《曾子問》「不告利成」，孔疏：「『不告利成』者，謂祭畢，今既無所可告，故不告利成。」今疑「謂」上脱「利成」二字。

其次，《禮記正義》在串講經文時多或將被釋字與訓詁字組合爲一個雙音詞。但在流傳過程中，這類雙音詞多被删改。 孔疏用來組詞的訓詁字或來自鄭注，如《禮器》「故君子樂其發也」，鄭注「發猶見也」，孔疏：「既須外接，故所行事樂得其禮迹發見於外也。」以「發見」釋經之「發」。或來自孔疏前文，如《曲禮上》「不踐閾」，孔疏：「踐，履也；閾，門限也。出入不得踐履門限。」因前有「踐，履也」，故後串講經文時以「踐履」代「踐」字。有時這一「雙音詞」可能並不存在，但孔疏仍然這樣

〔一〕舊題沈廷芳《十三經注疏正字》卷四七，《景印文淵閣四庫全書》第 192 册，第 632 頁上欄。

用。如《曲禮上》「君子欠伸，撰杖屨」，鄭注「撰猶持也」，孔疏：「若倦則自撰持之也。」《禮運》「後聖有作」，鄭注「作，起」，孔疏：「謂上古之後，聖人作起。」其它文獻中未見有「撰持」「作起」的用法，但不嫌孔疏如此用。在流傳過程中，這類雙音詞多已被删改，如：

《曲禮上》「卜筮不相襲」，單疏寫本疏：「襲，因也。前卜不吉則止，不得因更筮也；若前筮不吉則止，不得因更卜：是不相因襲也。」八行本、十行本「因襲」皆作「襲」。按，因前有「襲，因也」之訓，故後作「因襲」。今本誤删「因」字。

《曲禮上》「君車將駕，則僕執策立於馬前」，單疏寫本疏：「又恐馬奔走，故自執馬枝〔杖〕倚立當馬前也。」八行本、十行本皆無「倚」字。按，「立，倚」爲經典常訓，下「婦人不立乘」即有疏「立，倚也」。因此，此處疏作「倚立」，正以「倚」釋「立」，非是衍文。

《曲禮上》「君撫僕之手，而顧命車右就車」，單疏寫本疏：「顧，迴頭也……今車行既至大門，方出履險阻，恐有非常，故迴顧命車右上車也。」八行本、十行本「迴顧」作「回頭」。按，前訓「顧」爲「迴頭」，此作「迴顧」，正以訓詁字與被訓字組成雙聲詞，更合於孔疏體例。

又有今本尚存此形式，而單疏寫本已誤者，如：

《曲禮上》「取貳綏」，孔疏：「貳，副也……故僕振衣畢，取副貳綏而升也。」單疏寫本「副貳」僅作「副」。

這一情況不僅用於串講經文，在引用他書時也或用此例，如：

《曲禮上》「旬之内『近某日』」，單疏寫本疏：「案《特牲》士礼，云『不諏日』，注云：『士賤職褻，時至事暇，可以祭，則筮其日。不如大夫先與有司於廟門外諏謀丁己之日也。』」八行本、十行本及今本《儀禮》「諏謀」皆作「諏」。但《儀禮》鄭注前文云：「諏，謀也。」《禮記正義》引作「諏謀」，正是以「謀」釋「諏」。

了解這一規律，便可對其它無單疏本對照的篇卷做出合理校勘，略舉兩例如下：

《玉藻》「禮已三爵而油油」，孔疏：「言侍君小燕之禮，唯已止三爵，顏色和説而油油説敬。」浦鏜據《儀禮經傳通解》删「已」字[一]。其實「止」正釋「已」，「已止」組成雙音詞。

《樂記》「則此所與民同也」，孔疏：「言施於金石，越於聲音，用於宗廟、社稷，事乎山川、鬼神，此等與民共同有也。」浦鏜據衛湜《集説》校「共同」爲「所同」[二]，其説當非。「共」釋「同」字，「共同」組成雙音詞。

若釋義爲二字，則孔疏亦或將釋義與被釋字合成三字詞，如：

[一] 舊題沈廷芳《十三經注疏正字》卷五一，《景印文淵閣四庫全書》第 192 册，第 676 頁上欄。

[二] 舊題沈廷芳《十三經注疏正字》卷五三，《景印文淵閣四庫全書》第 192 册，第 707 頁上欄。

《曲禮上》「雖賤人，大夫士必自御之」，單疏寫本：「君之使者雖假令是賤人爲之。」即以「假令」與「雖」合併爲一詞。八行本「雖假令」作「假令」，當非。

他卷中尚保存不少此類之例，學者或誤作校勘，如：

《月令》季秋「命百官貴賤無不務内」，孔疏：「内，謂收斂其物。言貴之與賤，無有一人不勤務收斂内物。」將「收斂」與「内」合併爲一詞。浦鏜據衛湜《集説》改「内」爲「其」〔一〕，非是。

《玉藻》「大夫有所往，必與公士爲賓也」，孔疏：「往謂之適也。言大夫正聘者，有所往之適之時，必與公士爲賓。」因前文訓「往」爲「之適」，故後云「有所往之適」。浦鏜以爲「之」字衍〔二〕，非是。

今本孔疏又或有因此例而誤者，如：

《郊特牲》「草笠而至，尊野服也」，鄭玄注：「《詩》云：『彼都人士，臺笠緇撮。』」孔疏：「《毛詩》箋云：『臺，夫須。都人以臺夫須爲笠，緇布爲冠。』」今本《小雅・都人士》作「以臺皮爲笠」。孔疏作「臺夫須」，可能因前「臺，夫須」而誤，也很有可能是因孔疏以經字、訓詁字合併成詞的體例而誤。

再次，孔疏在串講經文時可能會直接以訓詁字代經字。如《曲禮上》「童子不衣裘裳」，孔疏：「衣猶著也。童子體熱，不宜著裘。」前釋「衣」爲「著」，後即稱「著裘」。此類之例極爲常見，不煩再舉。將單疏寫本與今本對照，今本或有誤改者。如：

《曲禮上》「車上不廣欬」，單疏寫本疏：「〔廣，〕弘大也。欬，聲欬也。車已高，若在上而大聲欬，似自驕矜，又驚衆也。」今本「大磬欬」作「聲大欬」。按，「大磬欬」，「大」字即代經之「廣」字，「磬欬」即「聲欬」，代「欬」字。「磬」「聲」均爲借字，本字作「謦」。後世蓋既不知「聲（磬）」字之義，又不知孔疏此例，故誤作校勘。

《曲禮上》「步路馬，必中道」，單疏寫本疏：「步猶行也。若行君之馬，必在中道正路，爲敬。」今本「行君之馬」作「牽行君之馬」。按，孔疏前云「步猶行也」，故釋經「步路馬」爲「行君之馬」，單疏本當是。後世蓋不知孔疏此例，以「行」字不通而妄補「牽」字。

這不僅適用於釋經之疏，釋注之疏中也存在這種情況，如：

《曲禮上》「入國不馳」，鄭玄注：「馳，善蔺人也。」八行本疏：「善猶好也。蔺，雷刺也。若車馳，則好行刺人也。」前訓「善」爲「好」，故後以「好」代「善」。單疏寫本「行」上無「好」字，當非。

〔一〕舊題沈廷芳《十三經注疏正字》卷四七，《景印文淵閣四庫全書》第 192 册，第 630 頁上欄。

〔二〕舊題沈廷芳《十三經注疏正字》卷五一，《景印文淵閣四庫全書》第 192 册，第 681 頁下欄。

從單疏寫本與今本的對照看，孔疏中應有大量以訓詁字代經字的内容被删改了，但在無古本對照的情況下很難察覺。不過，今本孔疏中仍存有不少這類内容，有學者或不識此例而誤作校勘，今舉兩例於下：

《樂記》「《武》坐，致右憲左，何也」，孔疏：「致，至也。軒，起也。問《武》人何忽有時而跪，以右膝至地，而左足仰起，何故也？」衛湜《集説》「至地」作「致地」，浦鏜以爲是[一]。其實此處因有前「致，至也」之訓，故後改「致」作「至」，孔疏作「至」不誤。

《祭義》「立敬自長始」，孔疏：「言起敬於天下，從長爲始，言先自敬長。」浦鏜據衛湜《集説》校「起」作「立」[二]。其實孔疏正以「起」釋「立」，毋需校改。

五、殘寫本校勘價值管窺

前面論述的是據單疏寫本可以看出《禮記正義》形式的演變，該本在具體的文字校勘方面也有很大的價值。當然，從抄寫質量看，此卷絶非善本，其中用字比較隨意，有大量文字訛誤、脱文、衍文。如「古者暮親則爲諱也」，「暮」爲「朞」字之誤。「亦謂爲婦乎，自己親乎」，「婦」顯爲「父」字之誤。「羊字之誤」，「羊」上脱「公」字。「著之言久」，「久」上脱「耆龜之言」四字。卷中還有大量原脱後於行間補入的文字。種種跡象表示，這並不是一個精鈔精校的本子，但仍有許多可校勘今本之處。繆荃孫、吉川幸次郎、阮廷焯、劉玉才等學者都曾做過校勘[三]，本文再舉數例於下。

1.《曲禮上》「二名不偏諱」，疏引《五經異義》：「《公羊》説，譏二名，謂二字作名，若魏曼多也。」單疏寫本「曼」作「万」。

按：《廣韻》「曼」「万」同在「無販切」小韻，二字同音。《經典釋文》於《詩經・魯頌・閟宮》「孔曼」、《左傳・隱公五年》「曼伯」、《左傳・桓公五年》「曼伯」、《左傳・定公十三年》「曼多」等處皆注「音萬」，於《禮記・檀弓上》「曼父」注「音万」，可見「曼」「万」同音。「曼」俗書作「㬅」（見敦煌 P. 2008《佛説大迴向輪經》），即將「万」作爲其聲符[四]。因此，當時「曼」有音訛或形訛作「万」的可能。

[一] 舊題沈廷芳《十三經注疏正字》卷五三，《景印文淵閣四庫全書》第 192 册，第 711 頁下欄。

[二] 舊題沈廷芳《十三經注疏正字》卷五五，《景印文淵閣四庫全書》第 192 册，第 736 頁上欄。《四庫》本此處引疏原作「立敬自長始〇言敬於天下」，浦鏜校「立誤起」，似浦氏謂其底本出文「立」字誤作「起」。但今所見各本無作此貌者，當是《四庫》本「言敬」下誤脱一「立」字。

[三] 繆荃孫《禮記正義校勘記》，載《嘉業堂叢書》本《禮記正義》卷末（該文末有劉承幹識語，但其實爲繆荃孫所校）；吉川幸次郎《禮記注疏曲禮篇挍記》，《吉川幸次郎全集》第二十一卷，第 598—667 頁；阮廷焯《古鈔本禮記正義殘卷校記》，《孔孟學報》第 17 期，1969 年 4 月，第 101—147 頁；劉玉才《東洋文庫單疏本〈禮記正義〉殘卷斠補》，載《古籍新詮》，香港：香港中文大學 2020 年版，第 191—196 頁。

[四] 詳參張涌泉師《漢語俗字研究》，北京：商務印書館 2010 年版，第 56 頁。

但值得注意的是，鈔本《禮記正義》此處作「万」却未必爲誤字。此處《五經異義》所引《公羊説》見《公羊傳·隱公元年》何休注，彼文云：「譏二名，晉魏曼多、仲孫何忌是也。」《公羊傳注疏》述注則作「魏萬多」，阮元《校勘記》：「鄂本『曼』作『萬』，此本疏中標注亦作『萬』。」〔一〕頗疑隋唐以前《公羊》何注有作「万（萬）」之本，《五經異義》或本作「万」，寫本《禮記正義》正用古本。今本作「曼」，乃據通行本《公羊》校改。

2.《曲禮上》「二名不偏諱」，疏引《五經異義》：「《左氏》説，二名者，楚公子棄疾弑其君，即位之後改爲熊居，是爲二名。」單疏寫本「二名者」前存一殘字「」，當爲「譏」字，「楚」前有「若」字，「改爲熊居」作「改名居」。

按：「譏二名者，若楚公子棄疾……」與前「譏二名……若魏曼多」句式一致，可能更近於《五經異義》本貌。

《左傳·昭公十三年》：「丙辰，弃疾即位，名曰熊居。」今本《禮記正義》作「改爲熊居」似與《左傳》合。然錢綺《左傳札記》云：「楚君之名，《史記·楚世家》自鬻熊以下皆以熊字冠之……可見凡爲君者，必别易一名，而冠以熊字。」〔二〕這一冠字「熊」不能算作楚君之「名」。昭公二十六年《春秋》經云「楚子居卒」，僅稱「居」。《春秋》經宣公十八年稱「楚子旅卒」，襄公十三年稱「楚子審卒」，襄公二十八年稱「楚子昭卒」，昭公元年稱「楚子麇卒」，哀公六年稱「楚子軫卒」，均不言「熊」字。可知《春秋》家並不以「熊」爲楚君之名。寫本作「改名居」，以「居」與「棄疾」爲二名，這應該是合於《左氏》舊説的。今本作「改爲熊居」，雖似合於《左傳》傳文，但恐去古已遠。

3.《曲禮上》「不逮事父母，則不諱王父母」，疏：「孝子若幼少孤，不及識父母，便得言之，故不諱祖父母。」單疏寫本無「孝子」二字。

按：前「逮事父母則諱王父母」疏云：「孝子聞名心瞿，祖是父之所諱，則子不敢言。」此句之「孝子」實指後之「父」。因作爲孝子之「父」，聞祖之名而心瞿，故子不敢言。「孝子」一詞乃就「聞名心瞿」而言，並非「諱王父母」的主語。前揭疏中，「若幼少孤」云云，並不言事父母之事，前「孝子」一詞意義無著落。因此，寫本無「孝子」二字當是。此句主語涉上而省，即「子不敢言」之「子」。

4.《曲禮上》「不逮事父母，則不諱王父母」，疏引庾氏曰：「諱王父母之恩，正應由父。所以連言母者，婦事舅姑同事父母，且配夫爲體，諱敬不殊，故幼無父而識母者，則可以諱王父母也。」單疏寫本首「諱」字作「謂」。

按：此處作「謂」字是，「諱」乃涉上下文而誤。庾氏之意，謂王父母乃父之父母，王父母於己之恩由於父，故稱「王父母之恩正應由父」。義疏釋經，每以「謂」字領起，「謂」之主語即

〔一〕阮元《十三經注疏校勘記》，北京：北京大學出版社，2014年，第4163頁。
〔二〕錢綺《左傳札記》卷二，《續修四庫全書》第一二八册，上海：上海古籍出版社2002年版，第324頁。

前之經文，如《曲禮上》「禮從宜」，孔疏：「『禮從宜』者，謂人臣奉命出使，征伐之禮……」，《曲禮上》「父不祭子，夫不祭妻」，孔疏引熊氏曰：「謂年老致仕，傳家事於子……」，《曲禮上》「刑不上大夫」，孔疏引張逸云：「謂所犯之罪不在夏三千、周二千五百之科……」，此類之例極多，不煩再舉。今本作「諱王父母之恩」，「恩」不當諱，「諱」亦不可稱「恩」，這一短語讀作動賓結構、偏正結構皆不可通，可知「諱」字當誤。

5.《曲禮上》「大夫之所有公諱」，疏：「不言士之所諱者，士卑，人不爲之諱故也。或可大夫所有公諱者，君及大夫諱耳，亦無己之私諱。」單疏寫本無首「諱」字，無「大夫所」三字，「君」作「爲」，「亦」作「只」。

按：「不言士之所」，乃對經文稱「大夫之所」而言，今本多「諱」字則不可通。前云：「人於大夫之所正得避公家之諱，不得避大夫諱。所以然者，尊君諱也。若兼爲大夫諱，則君諱不尊也。」所言也是「公家之諱」與「大夫之諱」，並不言「大夫之所諱」。

「或可」以下引出另一説，「大夫所有公諱」復舉經文，寫本作「有公諱」則從省，二本皆通。

寫本之「爲」讀作「謂」[一]，即上條言義疏中領起釋義之「謂」。「謂及大夫諱」，指「有公諱」謂公諱及大夫諱。今本作「君及大夫諱」，義雖可通，但似不如鈔本更合於義疏體例。

寫本稱「只無己之私諱」，謂大夫之所有公諱及大夫諱，僅無己之私諱而已，與下所引《玉藻》「於大夫所有公諱，無私諱」相合。今本作「亦」，蓋以經文前云「君所無私諱」。《禮記正義》於「君所無私諱」無疏，古時經、疏別行，前無鋪墊，此處忽言「亦」，似顯突兀。疑今本作「亦」當誤。

6.《曲禮上》「婦諱不出門」，鄭玄注：「婦親遠，於宮中言辟之。」疏引田瓊答陳鏗：「陳鏗問云：『《雜記》：母之諱，宮中諱。妻之諱，不舉諸其側也。此則與母諱同，何也？』田瓊答曰：『《雜記》方分尊卑，故詳言之。《曲禮》據不出門，大略言之耳。母諱遠，妻諱近，則亦宜言也，但所辟者狹耳。』」單疏寫本「詳」作「許」，「大略」作「大」。

按：疑寫本皆是。田瓊後言「亦宜言」，但今本前無「宜言」之事，「亦」無可「亦」。陳鏗問「此則与母諱同」，乃就妻之諱而言。田瓊答語亦主要分析妻之諱，「言」之賓語皆指妻諱。寫本稱「《雜記》方分尊卑，故許言之」，謂《雜記》分母、妻之尊卑，母之諱於宮中全不許言，而妻之諱則許言之，唯不得於妻之側言而已。《曲禮》稱「婦諱不出門」，陳鏗蓋以「婦」即妻，「不出門」則與「宮中諱」同。田瓊答稱「大言之」，蓋謂《曲禮》之「婦」指婦人，而非專指妻。後稱「亦宜言」，謂亦許言妻諱，即亦上《雜記》「許言之」。如此則田瓊之答語怡然理順，如今

[一] 參拙文《淺談寫本文獻學在傳世文獻校勘中的作用——以〈禮記正義〉爲例》，《中國經學》第21輯，桂林：廣西師範大學2017年版。

本之貌則不可通。

7.《曲禮上》「内事以柔日」，疏：「然則郊天是國外之事，應用剛日，而《郊特牲》云『郊之用辛』，非剛也。又社稷是郊内，應用柔日，而《郊特牲》云祀社日用甲，非柔也。所以然者，郊社尊，不敢同外内之義故也。此言外剛内柔，自謂郊社之外他禮則皆隨外内而用之。」「郊社尊，不敢同外内之義故也」，單疏寫本作「别隨不敢外内之義故」。

按：《曲禮下》「踐阼、臨祭祀，内事曰『孝王某』，外事曰『嗣王某』」，鄭玄注：「天地、社稷，祭之郊内，而曰『嗣王』，不敢同外内。」孔疏：「今天地、社稷既尊，不敢同外内之例，雖祭之在内，而用外辭。天地是尊，不敢同外内之常例也。」所謂「不敢同外内之義」即謂此。

《禮記正義》之例，釋禮例背後之禮意，多稱「……之義」，而「之義」前之文多有經典依據。如《曲禮上》「主人先登」，疏：「讓必以三，三竟而客不從，故主人先登，亦肅客之義。」「肅客」用前文「主人肅客而入」。《曲禮上》「喪事先遠日」，疏：「喪事，謂葬與二祥，是奪哀之義也。」《檀弓上》「父母之喪，哭無時，使，必知其反也」，疏：「亦『出必告，反必面』之義也。」此類之例極多，不煩再舉。鈔本稱「别隨不敢外内之義」，謂《郊特牲》郊、社用日與《曲禮》所説不同，乃由於郊、社不隨此處「内事」「外事」之義，而别隨於《曲禮下》「不敢同外内」之義。「别隨」與下文「皆隨」正相呼應。今本作「郊社尊，不敢同外内之義」，句意雖可通，但泯滅了孔疏以「不敢同外内」爲重要禮意的本意，且「之義」二字至爲多餘，恐非孔疏本貌。

8.《曲禮上》「内事以柔日」，疏引崔靈恩曰：「五時迎氣，各用其初朔之日，不皆用辛。」單疏寫本「朔」作「節」。

按：作「節」是。「初節」，即第一個節氣。《月令》孟春「立春之日，天子親帥三公、九卿、諸侯、大夫，以迎春於東郊」，孟夏「立夏之日，天子親帥三公、九卿、大夫，以迎夏於南郊」，孟秋「立秋之日，天子親帥三公、九卿、諸侯、大夫以迎秋於西郊」，孟冬「立冬之日，天子親帥三公、九卿、大夫以迎冬於北郊」，此即崔氏所云四時以初節迎氣之事。

9.《曲禮上》「凡卜筮日」，疏：「《説文》云：『蓍，蒿屬也。生千歲，三百莖。《易》以爲數。天子九尺，諸侯七尺，大夫五尺，士三尺。』陸璣《草木疏》云：『似藾蕭，青色，科生。』《洪範五行傳》曰：『蓍生百年，一本生百莖。』《論衡》云：『七十年生一莖，七百年生十莖。神靈之物，故生遲也。』《史記》曰：『滿百莖者，其下必有神龜守之，其上常有雲氣覆之。』《淮南子》云：『上有藂蓍，下有伏龜。』卜筮實問於神。」單疏寫本無此段疏。

按：今本此段疏有很多可疑之處。首先，經文爲「卜筮」，此段疏之前所引的劉向之文也是兼論蓍、龜，但這段疏全釋蓍，而不及龜，下文也再没有關於龜的内容。其次，這段疏之前所引的劉向之文部分見於《初學記》卷三十所引《洪範五行》，是那段文字本即出自《洪範五行傳》，《禮記正義》不應將一段《洪範五行傳》分引相隔極近的兩處且標兩種出處。再次，《禮記正義》全書僅此處引用《論衡》，另引用一次《淮南子》，但是從《鄭志》轉引，也就是説，短短這一段疏文中引用了兩種全書不引的書。又次，這段疏全爲對原始材料的引用，中間没有任何串聯，這在《禮記正義》全書中極爲少見。最後，也是最關鍵的一點，這段疏除末句外，與《經典釋文》對《周易·説卦》「幽贊於神明而生蓍」之「蓍」字的解釋幾乎全同[一]。綜合這些疑點及寫本的情況來看，這段疏應該不是《禮記正義》的原文。疑此係某《禮記正義》傳習者將與疏相關的《周易釋文》鈔於天頭地腳，後傳鈔者誤闌入正文，經宋人校刻，遂固定爲孔疏的一部分。

10.《曲禮上》「凡卜筮日」，疏：「象所以長者，以物初生則有象，去初既近，且包羅萬形，故爲長。數短者，數是終末，去初既遠，推尋事數，始能求象，故以爲短也。」鈔本無末「以」字。

按：「故爲短也」與上「故爲長」相對，當是。《禮記正義》中常見「某者……故爲某」的句式。如《檀弓上》「夏后氏尚黑」，孔疏：「建丑之月爲地統者，以其物已吐牙，不爲天氣始動，物又未出，不得爲人所施功，唯在地中含養萌牙，故爲地統。」《檀弓下》「戰于郎」，孔疏：「案《春秋》直云『戰于郊』，知與此『戰于郎』爲一事者，以其俱有童汪踦之事，故爲一也。」今本《曲禮》疏蓋因下行「是鄭及杜預皆以爲龜長筮短」而衍「以」字。阮廷焯以爲前句當作「故以爲長」[二]，似非。

11.《曲禮上》「凡卜筮日」，疏：「大事者，則《大卜》云國大貞，卜立君，卜大封，大祭祀，凡出軍旅，喪事及……此等皆爲大事。」單疏寫本「凡出軍旅、喪事」作「凡振凡喪事」。

按：單疏本作「振」，當作「旅」字之誤。俗書「旅」或作「[illegible]」(見伯P. 2620《論語》卷六)、「[illegible]」(見P. 2155《大唐新譯三藏聖教序》)等形，與「振」形近。S. 329《書儀鏡》「未審旅途何似」，「旅」即誤作「[illegible]」。前揭孔疏自「國大貞」至此皆《周禮·大卜》文。《大卜》曰：「凡旅，陳龜。凡喪事，命龜。」[三]孔疏作「凡旅、凡喪事」正與之合。刊本蓋以兩「凡」字并列不通，遂改作今貌，反失古書原狀。

12.「卜筮不過三」，鄭注：「魯四卜郊，《春秋》譏之。」孔疏：「唯周之三月爲之，不可在四月，雖三卜，亦爲非禮。」單疏寫本重「四月」二字。

按：此處謂三卜雖合於禮，但不可在四月，下文引《左傳·襄公七年》且云「是用周之三月，不可至四月也」。故此處云「四月雖三卜，亦爲非禮」，所謂「四月雖三卜」，蓋主要指襄公七年四月三卜郊之非禮，與《公羊傳》稱「三卜禮也」不同。

[一] 陸德明《經典釋文》卷二，北京：中華書局，1983年，第33頁。
[二] 阮廷焯《古鈔本禮記正義殘卷校記》，《孔孟學報》第17期，第110頁。
[三]《十三經注疏》，第1736頁。

寫本重「四月」較爲通順，今本蓋脱。

13.「卜筮不過三」，鄭注：「魯四卜郊，《春秋》譏之。」孔疏：「若此三正之内有凶不從，則得卜夏三月，但滿三吉日，則得爲郊。」單疏寫本無「日」字。

按：郊祀在一日内完成，並不需要「三吉日」。下文云「休以四月、五月卜滿三吉則可郊也」，據此則寫本無「日」字者是。

14.《曲禮上》「卜筮不相襲」，疏引王肅曰：「三筮及三卜不相襲三者，初各專其心也。」單疏寫本「三筮及三卜不相襲三者」作「三筮乃三卜，不相襲者」。

按：前「卜筮不過三」下疏引崔靈恩曰：「若大事龜筮並用者，先用三王筮，次用三王龜，始是一也，三如是乃爲三也。」「先用三王筮，次用三王龜」即王肅「三筮乃三卜」。又下經「龜爲卜，筴爲筮」，疏云：「龜處筮後，龜覆於筮。」亦筮而後乃卜之意。疑王肅注當作「三筮乃三卜，不相襲三」，謂三筮之後乃三卜，而非筮而卜，卜而筮，如是相因而三。故後稱「初各專其心」，謂專心於筮、專心於卜。

15.《曲禮上》「祥車曠左」，疏：「祥猶吉也。吉車，謂平生時所乘也，死葬時因爲魂車。」「平生」，單疏寫本作「平吉」。

按：鄭玄三禮注屢言「平生時」，多與死時或居喪禮時相對，如《檀弓上》「扶君，卜人師扶右，射人師扶左，君薨，以是舉。」鄭玄注：「僕人、射人，皆平生時贊正君服位者。」《儀禮・士喪禮》「蚤揃如他日」，鄭玄注：「他日，平生時。」《周禮・巾車》「及葬，執蓋從車，持旌」，鄭玄注：「持蓋與旌者，王平生時車建旌，雨則有蓋。」是八行本作「平生時」可通。

但單疏寫本作「平吉」似更善。平吉，猶平善安吉。《大唐西域記》卷十二「商彌國」條：「山神暴惡，屢爲灾害，祀祭後入，平吉往來。若不祈禱，風雹奮發。」[一]古時又以「平吉」與服喪相對。《通典》卷六十「周喪不可嫁女娶婦議」條引晉吴商云：「湛身既平吉，子雖齊縗，義服之末，又不親迎，吉凶别處，則所犯者輕。」[二]此所謂「身既平吉」指自身未服喪。同卷「祖無服，父有服，可娶婦嫁女義」條引晉徐野人云：「自平吉可得娶妻，不計兒之有慘也。」[三]「平吉」與兒有慘相對，亦指未服喪。《陳書・陳師知傳》載謝岐議禮之文云：「豈容凡百士庶，悉皆服重，而侍中至於武衛，最是近官，反鳴玉紆青，與平吉不異？」[四]「平吉」與「服重」相對，其義尤爲顯豁。因此，此處作「平吉」於義亦可通，且與前「吉」字呼應，可能更近於孔疏本貌。

16.《曲禮下》「主佩垂則臣佩委」，疏：「言君若重慎，折身而佩垂，則臣彌曲，故佩罄委於地。」「罄」，殿本作「垂」，阮本作「歷」，單疏寫本作「磐」。

[一] 玄奘、辯機著，季羨林等校注《大唐西域記校注》，北京：中華書局，1985年，第980頁。

[二] 杜佑《通典》，北京：中華書局，1988年，第1690頁。

[三] 杜佑《通典》，第1695頁。

[四] 姚思廉《陳書》，北京：中華書局，1972年，第231頁。

按：當以「磐」字爲是。磐委，猶「盤委」「槃委」，委曲之貌。《後漢書·馬融傳》載融《廣成頌》云：「瀵瀁沉漭，錯紾槃委。」李賢不注「槃委」，則似表明當時仍有此詞[一]。《全唐文》卷八〇五柏虔冉《新創千金陂記》：「乃浚其洫，乃高其壖，土與江口平，盡出其沙與積壤，縈束盤委，望之若帶焉。」[二]

17.《曲禮下》「不敢與世子同名」，疏：「鄭康成亦同《左氏》《穀梁》之義，以《論語》云『鯉也死，有棺而無椁』是實死未葬已前也。故鄭駮許慎云：『設言死，凡人於恩猶不然，況賢聖乎？』」單疏寫本「設」作「設事」。

按：作「設事」近古。設事猶假設事類。《公羊傳·桓公二年》「何者」，何休注：「何者，將設事類之辭。」[三]「設事」即「設事類」。《史記·仲尼弟子列傳》「回年二十九，髮盡白，蚤死」，索隱引《孔子家語》王肅注云：「孔子曰『鯉也死，有棺而無槨』，或爲設事之辭。」[四]王肅正用許慎説，而作「設事」。該詞在他書中也多見應用，如《尚書·康誥》「今惟民不靜，未戾厥心，迪屢未同」，僞孔傳：「假令今天下民不安，未定其心，于周教道屢數而未和同。設事之言。」[五]

18.《曲禮下》「某有負薪之憂」，疏引《白虎通》：「天子病曰不豫，言不復豫政也；諸侯曰負子，子，民也，言憂民不復子之也。」單疏寫本「豫政」作「歡豫」，「憂」作「負」。

按：單疏本釋「不豫」爲不歡豫，可能正存古義。吉川幸次郎：「單疏恐是，桓十六年《公羊傳》注『天子有疾称不豫』，疏云：『豫詁爲樂。』」[六]今按，《説文解字·心部》：「《周書》曰：『有疾不悆。』悆，喜也。」[七]作「不復歡豫」正與《説文》之説合。次句之字亦當從單疏本作「負」，陳立《白虎通疏證》卷十二輯闕文，此句輯《太平御覽》所引，作「諸侯子民，今不復子之也」，陳立引段玉裁曰：「此文是有負子之責于天，言背棄子民之咎而將死也。」[八]段氏説是，「負民」，即「背棄子民」。

單疏寫本文字優勝之處還有很多，限於篇幅，本文就不再一一列舉，略舉以上數例，以見此單疏寫本極大的校勘價值。

如前所述，楊守敬最早將這一單疏寫本介紹至國內，並刻印出版。但那是據摹寫本抄録刊刻，離文獻原貌已經很遠。《四部叢刊三編》曾據1928年日本珂羅版影印該卷，但對原卷做了一些處理，將一行拆作兩行，非常不便於閱讀，且失原貌。日本曾多次影印該卷，但在國内不易獲取。如今上海古籍出版社影印該卷，這對《禮記正義》的研究應該是大有裨益的。

[一] 范曄撰，李賢等注《後漢書》，北京：中華書局，1965年，第1964頁。
[二] 董誥等編：《全唐文》，北京：中華書局，1983年，第8468頁。
[三] 阮元校刻《十三經注疏》，北京：中華書局，第4806頁。
[四] 司馬遷《史記》，北京：中華書局，1959年，第2188頁。
[五] 阮元校刻《十三經注疏》，第435頁。
[六] 吉川幸次郎《禮記注疏曲禮篇校記》，《吉川幸次郎全集》第21卷，第648頁。
[七] 許慎《説文解字》，北京：中華書局，1963年，第220頁。
[八] 陳立《白虎通疏證》，北京：中華書局，1994年，第600頁。

S. 1057《禮記正義・禮運》解題

許建平

S. 1057，翟目（6921 號）將它置於「道教文獻」第六類「不明經品者」下，並云：「有關五行。」〔一〕劉目定名爲「道經」〔二〕，金目、《英藏》從之；黄目定名爲「天地五行論」〔三〕，施目、金岡目因之。其實此乃孔穎達《禮記正義》之殘片，諸家之定名均誤，考詳拙文《英倫法京所藏敦煌寫本殘片八種之定名並校録》〔四〕。

殘片爲《禮記・禮運》「故天秉陽，垂日星；地秉陰，竅於山川」章之孔穎達《正義》，起「此一節以上經人稟天地陰陽鬼神五行而生」之「天地」，至「以其依時得節」之「以其」，共 10 行，行 20 字。兹依例擬名爲《禮記正義（禮運）》，相當於注疏本 1423 頁上欄 24 行—中欄 1 行。

圖版

《寶藏》8 册 460 頁。《英藏》2 卷 222 頁。

（録自《敦煌經籍叙録》，中華書局，2006 年）

〔一〕《英國博物館藏敦煌漢文寫本注記目録》，223 頁。
〔二〕《敦煌遺書總目索引》，130 頁。
〔三〕《敦煌遺書最新目録》，37 頁。
〔四〕《敦煌學》，24 輯 116 頁；收入《敦煌文獻叢考》，313—315 頁。王卡《敦煌道教文獻研究》亦謂此爲「唐孔穎達《禮記正義》卷 22《禮運篇》」（252 頁）。

P. 3106B《禮記正義・郊特牲》解題

許建平

伯目著録此卷云:「殘占筮書。益以他種書,中有一種,似爲史籍。(須揭開)」〔一〕王目著録此卷云:「占卜書。背用殘日曆,及殘駢文袠。」〔二〕卷背有「百怪圖題記」、「祈雨文」、「脈經」〔三〕。

關於占卜書部分内容,黄正建定名爲「占怪書」〔四〕;伯目所言之「史籍」,黄目定名「禮記正義」〔五〕,是也。

此卷由兩件文書拼接而成,前面一部分是《占怪書》,後面一部分是《禮記正義》,今依例將《禮記正義》部分編爲P. 3106B。

P. 3106B爲《禮記・郊特牲》「大饗,君三重席而酢焉」章孔穎達《正義》,起「三獻卿大夫者以五等諸侯有九獻七獻五獻」之「五獻」之「獻」,至「介門西北面西上」,共14行,末2行有殘泐,行22字,兹依例定名爲《禮記正義(郊特牲)》,相當於注疏本1446頁上欄21—27行。

圖版

《寶藏》126册316—317頁。《法藏》21册317頁。

(録自《敦煌經籍叙録》,中華書局,2006年)

〔一〕《巴黎圖書館敦煌寫本書目》,《國立北平圖書館館刊》8册5881頁。
〔二〕《敦煌遺書總目索引》,279頁。
〔三〕據《法藏》之定名。
〔四〕《敦煌占卜文書與唐五代占卜研究》,165頁。
〔五〕《敦煌遺書最新目録》,704頁。

S. 6070《禮記正義・郊特牲》解題

許建平

翟目（7326號）没有定出此殘片之名，將它歸入世俗文書下的雜集類，名之曰「世俗文書殘片」[一]。劉目疑爲「春秋左傳斷片」[二]，王重民深以爲然[三]。陳鐵凡認爲其内容並非《左傳》，因而在《敦煌本禮記、左、穀考略》中不予列入[四]。

李索考定此乃《禮記正義・郊特牲》殘片[五]。

殘片是孔穎達爲《禮記・郊特牲》「羅氏致鹿與女，而詔客告也，以戒諸侯曰：『好田、好女者亡其國』」句所作之《正義》，起「而宣天子之詔于使者」之「宣」，至「一云豈每國輒與女、鹿邪」之「豈」，共6上半行，然第1—3及末行上端又殘泐，僅存疏文53字（存殘畫者亦計入内）。今依例擬名爲《禮記正義（郊特牲）》，相當於注疏本1454頁中欄26行—下欄1行。

P. 3106B亦爲《禮記正義（郊特牲）》殘片，然兩者字體不同，蓋非一卷之裂。

翟目以此爲8世紀寫本[六]。

圖版

《寶藏》45册11頁。《英藏》10卷68頁。

（録自《敦煌經籍叙録》，中華書局，2006年）

[一]《英國博物館藏敦煌漢文寫本注記目録》，245頁。陳鐵凡《敦煌本禮記、左、穀考略》云：「翟目謂爲『佛學簡釋片斷』。」（121頁）案陳氏誤譯。翟目原文作「Secular text frag」，應當譯爲「世俗文書殘片」，如果翟理斯定爲「佛學簡釋」，就應當歸入佛經，而不會歸入世俗文書。

[二]《敦煌遺書總目索引》，234頁。

[三]《敦煌遺書總目索引》，後記545頁。

[四]《敦煌本禮記、左、穀考略》，《孔孟學報》21期（1971年4月），121頁。

[五]《敦煌寫卷〈春秋經傳集解〉異文研究》，22—23頁。

[六]《英國博物館藏敦煌漢文寫本注記目録》，245頁。

英國圖書館藏吐魯番本《尚書正義·吕刑》解題

李　霖

英國圖書館藏吐魯番鈔本殘片 Or. 8212/630r（Toy. 044），爲斯坦因第三次中亞考古時所獲，吐峪溝遺址出土。存 8 殘行，唐寫本。摘抄《尚書·吕刑》經注，經文大字，注文雙行小字，又擇取疏文以細字批於行間。[一]同筆所書的《尚書·文侯之命》殘片 Or. 8212/631（Toy. Ⅲ. ⅱ. 03. f）無疏。

[一] 録文見沙知、吴芳思編：《斯坦因第三次中亞考古所獲漢文文獻（非佛經部分）》第 1 册，頁 173，上海辭書出版社，2005 年。

德國柏林藏吐魯番本《毛詩正義・谷風》《式微》解題

榮新江　史　睿

毛詩正義邶風谷風至式微孔穎達等撰

德國舊藏吐魯番寫本

德藏吐魯番文獻，舊編號「T II T」，數字編號不詳，今已佚失，僅存日本學者高田真治所拍照片。尺寸不詳，存23行，楷書，唐寫本。經文及毛傳鄭箋朱書，正義墨書。吐峪溝遺址出土。

參：大谷勝真1936b，224頁；高田真治1939，扉頁圖片；西脇常記2011b，29—64頁；石立善2013，63—84頁；西脇常記2016，55—84頁。

（前缺）

1. □(新)□見棄，故稱言我有美菜，畜
2. 之亦以御冬月之無之時，猶君子安樂汝之新昏，
3. 本亦但以我御窮苦之時而已。然窮苦取我，至
4. 於富貴即見棄，似冬月畜菜，至於春夏則
5. 見遺也。君子既欲棄己，故有洸々然威武之容，
6. 有潰々然恚怒之色於我，又盡遺我以勞苦之
7. 事，不復念昔者我年穉始來之時安息我也。由
8. 無恩如此，所以見出，故追而怨之。亦以御冬，言亦者，
9. 因亦己之御窮。伊，辭也。箋「君子」至「旨畜」。正義曰：上經
10. 与此互相見，以舊室比旨畜，新昏比新菜。此云燕
11. 爾新昏，則上宜云得爾新菜，上言有我旨畜，此
12. 宜云爾有舊室。得新菜而棄旨畜，猶得新昏
13. 而棄己。又言己爲之生有財業，故云至於富貴也。
14. 己可爲致富耳，言貴者，協句也。傳「肄，勞」。
15. 正義曰：釋詁文也，爾雅或作勩，孫炎曰習事之勞
16. 也。「式微二章々四句」至「勸以歸」也。正義曰：此經二章
17. 皆臣勸以歸之辭。此及旄丘皆陳黎臣之辭，而
18. 在邶風者，蓋邶人述其意而作，亦所以刺衛
19. 君也。箋「黎侯」至「勸之」。正義曰：以旄丘之(叙)，□
20. 爲狄人所逐。以經云中露，泥中，知處(之)□
21. (之云胡不歸)，(知)可以歸而不歸。此所逐，而□
22. □(亦)曰寄，故左傳曰「齊以郲□
23. □(公)者(何)□

（後缺）

（録自榮新江、史睿主編《吐魯番出土文獻散録》，中華書局，2021年）

日本藏舊鈔本《毛詩正義・小戎》《蒹葭》解題

李　霖

日藏《毛詩正義・小戎》、《蒹葭》殘卷，起《秦風・小戎》首章傳「游環至續靷」疏文「脅驅當服馬脅也」之「服」字，終《蒹葭》次章傳「坻小渚」疏文「故繫渚言之」之「故」字。中有斷損，存 103 行，行 24 字左右(20 至 27 字)。

殘卷分藏三處，一爲富岡謙藏(君撝)舊藏 67 行，圖版收録於 1921 年《京都帝國大學文學部景印唐鈔本第一集》，後有 1913 年羅振玉手書跋，[一] 謂其「字迹疏秀，唐寫本之佳者」。此影印本圖版共 5 葉，每葉右下標漢字序號一至五，當係原卷紙張數。1981 年大阪市立美術館所編《唐鈔本》，記録其縱長爲 27.5 cm × 50.4 cm、27.4 cm × 25.8 cm、27.4 cm × 25.4 cm、25.5 cm × 24.5 cm，[二] 蓋一、二兩紙粘連未分。1936 年大阪府立圖書館編纂《富岡文庫善本書影》，原大影印此卷第一紙首 11 行、第四紙首 5 行及第四紙末之紙背寫經 4 行，[三] 圖版最爲清晰。書影所附文字標題云「斷簡四枚」，亦以一、二兩紙算作一枚。原件今歸京都市政府所有。

二爲小島佑馬舊藏 23 行，京都大學人文科學研究所藏有 1938 年拍攝的照片。小島氏舊藏書，今歸日本高知大學，1987 年高知大學附屬圖書館出版《小島文庫目録》，卷首有此殘卷的彩色圖版。

三爲天理圖書館所藏殘片 13 行，圖版收録於該館在 1968 年編印的《善本寫真集》31《古冊殘葉》。《善本寫真集》解題謂其「紙高 27.1 釐米，寬 24.2 釐米；墨界高 21.8 釐米，行寬 1.9 釐米」。

此三件寫本同出一筆，用紙也相同，原爲一卷無疑。2012 年人民文學出版社《影印南宋刊單疏本毛詩正義》，首次將全卷合璧影印出版。*

關於殘卷的書寫時代，1933 年長澤規矩也等編《佚存書目》著録富岡本，斷爲「奈良朝鈔本」，認爲是日人所寫，約當唐睿宗至德宗時期，並提及小島本。[四] 1968 年《善本寫真集》天理本解題云：「此殘片與舊制指定『國寶』之富岡本同出一筆。富岡本避唐太宗諱『民』字，明顯是唐人抄本。本殘片背面有草寫佛經，似乎出於日本奈良末、平安初期手筆。這一點，可

[一] 1918 年刊《雪堂校刊群書叙録》收録此跋，題《日本古寫本毛詩單疏殘卷跋》，文字略有出入。

[二] 大阪市立美術館編：《唐鈔本》，臺北：明文書局，1981 年，第 155 頁。

[三] 背面寫經前空一行，正是第四紙末行文字(當「文本校録」行 80)，由此可以確定寫經在此卷的位置。

[四] [日]服部宇之吉：《佚存書目》，東京：文求堂書店、松雲堂書店，1933 年，第 71 頁。

* 此次出版，第二件采用了高知大學提供的更爲清晰的影像。

以作爲推測這部抄本傳入日本時間的參考。」認爲是唐人所書，傳入日本後，日人在其紙背草寫佛經。

此卷究竟是唐人所書，抑或日人轉寫，實難斷言。前人每遇避「民」字諱之抄本，即視爲唐抄，並非確論。日人或宋人轉寫，都可能保留底本的避諱習慣，[一]諱字只能判斷成書時間之上限。全卷「民」字或闕末筆，「葉」字寫作「枼」，是高宗顯慶二年以後的避諱習慣，[二]可作爲此卷抄寫時間的上限。至於其下限，仍須探討。筆者未見卷背佛經全貌，《正義》與佛經之先後關係，尚待考實。然《佚存書目》既著録爲奈良朝抄本，諒非無據，《正義》應在天理本解題所謂奈良末、平安初之寫經以前抄録，因而我們傾向於長澤富岡本解題所謂奈良朝抄本的鑒定。今比勘其文本，全卷與宋刊單疏本差别較大，絶非從宋刊本出，必源於唐抄。（下略）

（録自《宋本群經義疏的編校與刊印》，中華書局，2019年）

[一] 某一朝代的諱字可能成爲後代的俗字，比如宋代尚有將「世」寫成「𠀍」的習慣。竇懷永、許建平：《敦煌寫本的避諱特點及其對傳統寫本抄寫時代判定的參考價值》指出：「宋初寫本P. 2718《茶酒論一卷并序》中，有『仙人杯觴，菊花竹葉』句，原卷『葉』字即寫作『枼』。在傳統文獻中，南宋趙構書有《真草千字文》帖，其中有『落葉飄飄』句，『葉』字即亦寫作『枼』。」見《敦煌研究》2004年第4期，第54頁。

[二] 據《舊唐書》本紀，顯慶二年十二月，高宗詔「改『昬』、『葉』字」。

Дx. 09328《毛詩正義・思齊》解題

許建平

此片 4 殘行，實存 28 字，乃《大雅・思齊》第 3 章「雝雝在宫，肅肅在廟」箋「宫謂辟廱宫也。羣臣助文王養老則尚和，助祭於廟則尚敬，言得禮之宜」句之孔穎達《正義》，相當於注疏本 517 頁上欄 27 行—中欄 2 行。

《俄藏》無定名，拙文《〈俄藏敦煌文獻〉儒家經典類寫本的定名與綴合》首次比定其名〔一〕。兹依例擬名爲《毛詩正義（大雅思齊）》。

圖版

《俄藏》14 册 151 頁下欄中之上。

（録自《敦煌經籍叙録》，中華書局，2006 年）

〔一〕《姜亮夫、蔣禮鴻、郭在貽先生紀念文集》，306 頁；又《敦煌文獻叢考》，340 頁。

S. 498《毛詩正義·民勞》解題

許建平

此卷存《大雅·民勞》第1章之孔穎達《正義》，起「憯不畏明」傳「疾時有之」正義「故云疾時有之」之「之」，至「以謹醜厲」傳「醜衆厲危」正義「皆是危也」之「皆是」，共37行，行22字左右，單行書寫，字體優美，行有界欄，相當於注疏本548頁上欄28行—下欄26行。

翟目7073號著録此卷云：「鄭玄關於毛詩（詩經）的注釋。孔穎達《民勞》正義。没有經文。短語用紅色插入。」〔一〕劉目定名「經疏毛詩」〔二〕，黄目據之定爲《毛詩經疏》〔三〕，反不如翟目確切。《英藏》定名《毛詩正義（大雅民勞）》〔四〕，最佳，今從之。

王重民云：「傳箋起止朱書，正義墨書，凡『民』字皆作『人』，孔氏原書應如是也。」〔五〕潘重規云：「此卷傳箋起止朱書，正義墨書，當爲唐代正義原書之本來面目，殆無疑義。」〔六〕其説皆善。林聰明云：「後世經注本與《正義本》原先都是各自單行，此卷合抄在一處，恐是唐代《正義本》的早先面貌。」〔七〕則是不解單疏本之體例也。

凡注疏本作「民」處，寫卷均作「人」，姜亮夫云：「當在孔氏卒後不久所傳寫。」〔八〕其説可信。

圖版

《敦煌詩經卷子研究論文集》248—249頁。《寶藏》4册148—149頁。《敦煌古籍叙録新編》2册349—352頁。《英藏》1卷212頁。

録文

潘重規《敦煌詩經卷子研究論文集》，166—168頁。郝春文《英藏敦煌社會歷史文獻釋録》第2卷，423—425頁。

説明：由於原卷《傳》、《箋》起止朱書，《正義》墨書，因而《寶藏》及《英藏》之影本均未能反映出朱書内容；縮微膠卷能分辨出朱書（膠卷上反映出的很淡的墨迹即是朱書）。不過，最好能參考潘重規與郝春文的録文。

研究

（1）《北京大學五十周年紀念敦煌考古工作展覽概要》，23頁。（2）陳鐵凡《敦煌本易書詩考略》，《孔孟學報》17期（1969年4月），179頁。（3）潘重規《敦煌詩經卷子之研究》，《華岡

〔一〕《英國博物館藏敦煌漢文寫本注記目録》，230頁。
〔二〕《敦煌遺書總目索引》，119頁。
〔三〕《敦煌遺書最新目録》，18頁。
〔四〕《英藏敦煌文獻》1卷212頁。
〔五〕《敦煌古籍叙録》，45頁。
〔六〕《巴黎倫敦所藏敦煌詩經卷子題記》，《敦煌詩經卷子研究論文集》，169頁。
〔七〕《敦煌吐魯番文書解詁指例》，223頁。
〔八〕《莫高窟年表》，219頁。

學報》6期(1970年2月),14—15頁。(4)蘇瑩輝《敦煌論集續編》,80頁。(5)伏俊璉《敦煌〈詩經〉殘卷叙録》,《第三届詩經國際學術研討會論文集》,367頁。(6)郝春文《英藏敦煌社會歷史文獻釋録》第2卷,425—427頁。(7)張錫厚《敦煌本毛詩詁訓傳的著録與整理研究》,《南京師範大學文學院學報》2004年第2期,49頁。(8)王素《敦煌典籍與唐五代歷史文化·儒學章》,39頁。

(録自《敦煌經籍叙録》,中華書局,2006年)

東京國立博物館藏舊鈔本《毛詩正義·韓奕》《江漢》解題

李霖

日本東京國立博物館藏《毛詩·韓奕》《江漢》經注及《正義》抄本，書於信義本《神樂歌》卷背。《正義》始於《大雅·韓奕》四章箋「汾王至尊貴」疏「亦爲厲王」之「亦」字，終於《江漢》卒章箋「對荅至下是」疏「以對爲荅」之「荅」字。

此抄本有界 90 行，大體分爲上下兩欄。上欄書《韓奕》卒章至《江漢》全篇經注，經文大書，注文爲雙行小字。注文旁時見同筆朱批，節録疏文。下欄摘録《正義》，皆雙行小字，出文朱書，疏文墨書。因疏文遠多於經注，《正義》或越過中間的墨界，從上欄直書而下。經注之上另有一横欄，細字眉批釋音，係《經典釋文》之節録，朱墨並用，不遵循經、注、疏單雙行的格式。與其他單疏本不同，此抄本有經注、釋音，但只是抄於一處，未作綴合，此又與注疏彙編本不同。

抄本舊藏於日本樂人安倍貞氏，1931 年由佐佐木信綱影印出版。今歸東京國立博物館，博物館網站有全卷正背彩圖（《毛詩》彩圖又見 2012 年人民文學出版社《影印南宋刊單疏本毛詩正義》），朱書、墨界及用紙情形清晰可辨，並記録其縱長爲 29.3 cm×241.5 cm。[一] 1931 年佐佐木影印本附長澤規矩也《古鈔本毛詩殘卷跋》及 1933 年《佚存書目》皆鑒定此《毛詩》爲平安朝抄本，[二]認爲是日人所抄，約當唐後期至南宋前期。1979 年《中國書法名蹟》收録此抄本，山本信吉先生解説謂「書體典麗温雅，定爲唐代中期寫本」，[三]認爲是唐人所抄。1981 年大阪美術館所編《唐鈔本》收録此抄本，中川憲一先生解説謂「其書法的起筆、收筆皆以正楷書寫，可知是（唐代）中期的寫本」，[四]與《中國書法名蹟》一致。根據書法鑒定抄寫年代，此非筆者可以置喙。比起卷背《毛詩》，學界對卷表《神樂歌》的研究較爲充分。《神樂歌》的情况，有助於判斷《正義》抄寫時間。

《毛詩》卷末著「神歌抄」三字，卷表之《神樂歌》首尾完具，足以説明《毛詩》抄於《神樂歌》之前。《神樂歌》卷頭表紙有天保八年（1837）雅樂助季良題識，謂此歌爲奏樂名手源信義（醍醐天皇曾孫）自筆。日本學者一般認爲，雖不能確證爲源信義親筆，據抄寫風格判斷，當爲信義同時代之公元 10 世紀抄本。據此可以推知，卷背《毛詩》之時間下限在宋初。宋廷校刻《毛

[一]《中國書法名蹟》著録爲 29.4 cm×240.5 cm，《唐鈔本》著録爲 29.3 cm×240.5 cm。

[二][日]服部宇之吉：《佚存書目》，東京：文求堂書店、松雲堂書店，1933 年，第 71 頁。

[三]青山杉雨編：《中國書法名蹟·解説》14，東京：每日新聞社，1979 年，第 9 頁。

[四]大阪市立美術館編：《唐鈔本》，臺北：明文書局，1981 年，第 156 頁。

詩正義》於淳化三年(992)版成，覆校印行在咸平二年(999)，正當此抄本之下限。其上限則無法通過諱字來確定。

不論此抄本《毛詩》出自何人之筆，其書寫時間當在宋刊《毛詩正義》印行以前。從文本上看，此抄本與後世刊本差别極大，謂其源於唐人抄本，斷無疑義。如《韓奕》五章「蹶父至燕譽」疏198字，傳世刊本全脱，長澤謂「予數觀古鈔本，而其佚文多若是者，未曾見也」。

近有王曉平、程蘇東先生研究此《毛詩》抄本的文本價值及摘編方式，〔二〕惟其視角與本書不同。爲了認識宋初勘官對唐抄《毛詩正義》所作校勘工作，仍有再以單疏刊本校勘此抄本的必要。(下略)

(録自《宋本群經義疏的編校與刊印》，中華書局，2019年)

〔二〕王曉平：《東京國立博物館藏唐鈔本〈毛詩正義〉卷十八研究》，見氏著《日本詩經學文獻考釋》，北京：中華書局，2012年，第61—72頁。程蘇東：《東京國立博物館藏唐人〈毛詩並毛詩正義大雅殘卷〉正名及考論》，《「中央研究院」歷史語言研究所集刊》第88本第2分，2017年6月。

圖書在版編目(CIP)數據

禮記正義 ： 附尚書正義　毛詩正義 / (唐) 孔穎達撰 ； 部同麟等解題. -- 上海 ： 上海古籍出版社, 2024. 12. -- (群經單疏古鈔本叢刊 / 劉玉才主編). -- ISBN 978-7-5732-1478-2

Ⅰ. K892.9

中國國家版本館 CIP 數據核字第 202431SS32 號

本書圖版原書藏日本東洋文庫

責任編輯：郭　沖
美術編輯：阮　娟
技術編輯：耿瑩褘

群經單疏古鈔本叢刊
劉玉才 主編
禮記正義(附尚書正義　毛詩正義)(全二册)
[唐]孔穎達 撰
部同麟 等 解題

上海古籍出版社出版發行
(上海市閔行區號景路 159 弄 1-5 號 A 座 5F　郵政編碼 201101)
(1) 網址：www.guji.com.cn
(2) E-mail：guji1@guji.com.cn
(3) 易文網網址：www.ewen.co

上海雅昌藝術印刷有限公司印刷

開本 889×1194　1/16　印張 15.75　插頁 4　字數 51,000
2024 年 12 月第 1 版　2024 年 12 月第 1 次印刷
ISBN 978-7-5732-1478-2/K·3784
定價：328.00 圓
如有質量問題，請與承印公司聯繫